Aristophanes

Die Vögel

Ein Lustspiel

Übersetzt von Ludwig Seeger

(Großdruck)

Aristophanes: Die Vögel. Ein Lustspiel (Großdruck)

Übersetzt von Ludwig Seeger.

Aufführung 414 v. Chr.

Neuausgabe
Herausgegeben von Theodor Borken
Berlin 2020

Der Text dieser Ausgabe folgt:
Aristophanes: Sämtliche Komödien. 2 Bände, übers. v. Ludwig
Seeger, Zürich: Artemis-Verlag, 1952.

Umschlaggestaltung von Thomas Schultz-Overhage unter
Verwendung des Bildes: Frans Snyders, Das Vogelkonzert, ca.
1635

Gesetzt aus der Minion Pro, 16 pt, in lesefreundlichem
Großdruck

ISBN 978-3-8478-4558-4

Die Deutsche Nationalbibliothek verzeichnet diese Publikation
in der Deutschen Nationalbibliografie; detaillierte bibliografische
Daten sind im Internet über www.dnb.de abrufbar.

Henricus Edition Deutsche Klassik UG (haftungsbeschränkt),
Berlin
Herstellung: BoD – Books on Demand, Norderstedt

Personen

Pisthetairos

Euelpides

Ein Bettelpoet

Ein Wahrsager

Meton, der Feldmesser

Ein Ausrufer

Ein Kommissär

Ein ungeratener Sohn

Kinesias, der Poet

Ein Sykophant

Sklaven (stumm)

Der Wiedehopf

Der Zaunschlupfer

Vögel als Priester, Musiker, Boten, Herolde, Sklaven

Chor der Vögel

Iris

Prometheus

Herakles

Poseidon

Der Triballe

Basileia (stumm)

Erste Szene

Hochgelegene Wald- und Felsgegend.
Pisthetairos und Euelpides, durch ihr Gepäck als Auswanderer
kenntlich, jeder mit einem Vogel auf der Hand, treten auf.

EUELPIDES *zu der Dohle, die er auf der Hand trägt.*

    Gradaus, dort nach dem Baum zu weist du mich?

PISTHETAIROS *zu seiner Krähe.*

    Ei, berste du! – Die krächzt uns nun zurück.

EUELPIDES.

    Verdammt! Da stolpern wir nun auf und ab
    Und laufen kreuz und quer hinein ins Blaue!

PISTHETAIROS.

    Ich Tor! – zu folgen einer Kräh', und mehr
    Als tausend Stadien Wegs herumzuirren!

EUELPIDES.

    Ich Narr! – zu folgen einer Dohl', und mir
    Die Nägel an den Zehen abzulaufen!

PISTHETAIROS.

    Wo mögen wir in aller Welt nur sein?

EUELPIDES.

    Du – fändest du von hier die Vaterstadt?

PISTHETAIROS.

    Unmöglich – selbst für Exekestides!

EUELPIDES *stolpernd.*

    Au weh!

PISTHETAIROS.

    So geh doch diesen Weg, Kam'rad!

EUELPIDES.

    Der Vogelhändler hat uns schön geprellt,
    Philokrates, der hirnverbrannte Krämer,

Der log: die beiden führten uns zum Tereus,
Dem Wiedehopf, nunmehrigem Vollblutvogel.
Die Dohle – Tharrheleides' Kind – verkauft' er
Uns für 'nen Obolos, und hier die Krähe
Für drei! und beide können nichts als beißen!

Die Dohle pickt nach ihm.

Was schnappst du wieder? Willst du uns die Felsen
Hinabspedieren? – Hier ist weit und breit
Kein Weg!
PISTHETAIROS.

Beim Zeus, auch nicht der schmalste Fußpfad!
EUELPIDES.

Sagt deine Krähe dir denn nichts vom Weg?
PISTHETAIROS.

Ach nein! die kreischt das alte Lied mir vor.
EUELPIDES.

Was sagt sie denn vom Weg?
PISTHETAIROS.

Was wird sie sagen?

Weghacken wolle sie mir noch die Finger!
EUELPIDES *gegen die Zuschauer.*

Ist das nicht arg, daß wir, die doch zum Geier
Zu gehn parat und voll Verlangen sind,
Nun erst den Weg dahin nicht finden können?
Denn wißt, ihr Herrn Zuschauer, *unsre* Krankheit
Ist just das Widerspiel von der des Sakas:
Der, Nichtstadtbürger, drängt sich ein, doch wir,
Von Stamm und Zunft und Haus aus makellos,
Vollbürger, nicht verjagt, aus eignem Antrieb
Entflogen spornstreichs wir der Heimat; – nicht
Als wär' uns diese Stadt verhaßt und wäre

Nicht herrlich, groß und weit und allen offen,
Die drin ihr Geld verprozessieren wollen!
Denn einen Monat oder zwei nur zirpen
Im Laub die Grillen: doch ihr ganzes Leben
Verzirpen im Gerichtshof die Athener.
Dies ist der Grund, warum wir hier marschieren
Mit Korb und Topf und Myrtenreis; wir streifen
Herum und suchen einen Friedensort,
Um allda unsre Wohnung aufzuschlagen.
Gerad zu Tereus geht jetzt unsre Fahrt,
Zum Wiedhopf, um zu fragen, ob er als
Gereister Vogel so 'ne Stadt gesehn.

PISTHETAIROS.

Du?

EUELPIDES.

Was?

PISTHETAIROS.

Die Krähe winkt mir immer dort
Hinauf.

EUELPIDES.

Und meine Dohle reckt den Schnabel
Weit offen in die Höh', mir was zu zeigen.
Kein Zweifel mehr, hier müssen Vögel sein:
Wir schlagen Lärm, da sind wir gleich im klaren.

PISTHETAIROS.

Hör, stoß doch mit dem Fuß hier an den Felsen!

EUELPIDES.

Stoß du doch mit dem Kopf, dann klopft es doppelt.

PISTHETAIROS.

So poch mit einem Stein!

EUELPIDES.

Wie du befiehlst!

He, Bursch!

PISTHETAIROS.

Was rufst du? Nennst den Wiedhopf Bursch?

Nicht Bursch, du mußt Huphup dem Wiedhopf rufen

EUELPIDES.

Huphup! Wie lange muß ich denn noch klopfen?
Huphup!

Zaunschlupfer mit langem, weitoffenem Schnabel tritt heraus;
Pisthetairos und Euelpides fahren zurück; Dohle und Krähe
fliegen fort.

ZAUNSCHLUPFER.

Wer klopft? Wer ruft hier meinem Herrn?

EUELPIDES.

Apollon, sei uns gnädig! Welch ein Schlund!

ZAUNSCHLUPFER.

Ich Unglücksel'ger, weh, zwei Vogelsteller!

EUELPIDES *in höchster Not.*

Weh, was passiert mir? Unaussprechliches!

ZAUNSCHLUPFER.

Hol' euch –

EUELPIDES.

Für Menschen hältst du uns?

ZAUNSCHLUPFER.

Was sonst?

EUELPIDES.

Ich bin der Vogel Graus aus Afrika.

ZAUNSCHLUPFER.

Du lügst!

EUELPIDES.

Da frag die Sauce an meinen Beinen!

ZAUNSCHLUPFER *zu Pisthetairos.*

Und welch ein Vogel bist denn du? sag an!

PISTHETAIROS.

’Ne Art von Goldfasan – der Diarrhöling.

EUELPIDES *zum Zaunschlupfer.*

Was bist denn du nun aber für ein Tier!

ZAUNSCHLUPFER.

Ein Vogelsklave!

EUELPIDES.

Welche Demut! – Hat

Ein Kampfhahn dich besiegt?

ZAUNSCHLUPFER.

O nein! Doch als

Mein Herr zum Wiedhopf wurde, bat er mich,

Als Vogel mitzugehn und ihm zu dienen.

EUELPIDES.

Braucht denn ein Vogel auch noch Dienerschaft?

ZAUNSCHLUPFER.

Er wohl! vermutlich, weil er Mensch einst war;

Bald hätt’ er gern phalerische Sardellen,

Gleich schlupf’ ich mit dem Töpfchen fort und hole;

Dann will er Mus – nach Quirl und Pfanne schlupf’ ich

Durch Heck’ und Zaun –

EUELPIDES.

Nun kenn’ ich dich: Zaunschlupfer!

Hör, weißt du was, Zaunschlupfer, schlupf hinein

Und ruf uns deinen Herrn!

ZAUNSCHLUPFER.

Der macht sein Schläfchen!

Denn Schnaken aß er just und Myrtenbeeren.

EUELPIDES.

Geh nur und wecke ihn!

ZAUNSCHLUPFER.

Ach nein, ich weiß

Gewiß, er brummt. – Nun, euch zulieb', ich weck' ihn!

Ab.

PISTHETAIROS *ihm nachrufend.*

Daß du krepierst! Mich so halbtot zu ängsten!

EUELPIDES.

O weh, auch mir entflogen ist vor Angst

Die Dohle!

PISTHETAIROS.

Feiges Tier, du hast vor Angst

Die Dohle fliegen lassen?

EUELPIDES.

Hast denn du

Beim Fallen nicht die Krähe fahren lassen?

PISTHETAIROS.

Ich nicht, bei Zeus!

EUELPIDES.

Wo ist sie denn?

PISTHETAIROS.

Entwischt!

EUELPIDES.

Und du, du hieltst sie nicht, du tapfrer Held?

WIEDEHOPF *hinter der Szene.*

Tu auf den Wald, daß ich mich offenbare!

Tritt heraus.

EUELPIDES.

Welch Wundertier! Herakles, welch Gefieder!

Und auf dem Kopf drei Büsche! – Neue Mode!

WIEDEHOPF.

Wer wünscht zu sehn mein Antlitz?

EUELPIDES.

Die zwölf Götter –

Gegen das Publikum.

Traktierten, scheint's, dich schlecht!

WIEDEHOPF.

Ihr spottet mein

Und meiner Schwingen? Fremdlinge, ich war

Einst Mensch –

EUELPIDES.

Wir lachen dich nicht aus –

WIEDEHOPF.

Wen denn?

PISTHETAIROS.

Dein krummer Schnabel nur erschien uns spaßhaft.

WIEDEHOPF.

So hat der Sophokles mich zugerichtet

In seinem Trauerspiel, ja mich, den Tereus!

EUELPIDES.

Du bist der Tereus? Hahn wohl oder Pfau?

WIEDEHOPF.

Ein Vogel doch!

EUELPIDES.

Wo sind denn deine Federn?

WIEDEHOPF.

Mir ausgefallen –

EUELPIDES.

Wohl in einer Krankheit?

WIEDEHOPF.

Nein, alle Vögel mausern sich im Winter,

Es wachsen dann uns neue nach! – Allein
Wer seid denn ihr?
EUELPIDES.
Wir beide? Menschenkinder!
WIEDEHOPF.
Woher?
EUELPIDES.
Woher die stolze Flotte stammt.
WIEDEHOPF.
So? Heliasten? –
EUELPIDES.
Antiheliasten,
Grad' umgekehrt!
WIEDEHOPF.
Gedeiht denn solches Korn
Dort auch?
EUELPIDES.
Gar dünn gesät ist's auf dem Land.
WIEDEHOPF.
Was habt ihr vor? »Was führt euch denn hierher?«
EUELPIDES.
Dich sprechen wollen wir!
WIEDEHOPF.
Worüber denn?
EUELPIDES.
Einmal: du warst ein Mensch einst, so wie wir,
Und hattest wohl auch Schulden, so wie wir;
Und zahltest sie nicht gerne, so wie wir;
Zum zweiten hast, zum Vogel umgestaltet,
Du Erd' und Meer umflogen, und so weißt
Du, was ein Mensch und was ein Vogel weiß.
Drum nah'n wir uns in Demut dir und bitten,

Ob du vielleicht uns eine Stadt kannst nennen,
Wo weich und warm man in der Wolle sitzt?
WIEDEHOPF.

Und größer als die Stadt der Kranaer?
EUELPIDES.

Nicht größer, aber dienlicher für uns.
WIEDEHOPF.

Haha, du denkst aristokratisch?
EUELPIDES.

Ich?

Mit nichten, Skellios' Sohn ist mir ein Greuel!
WIEDEHOPF.

In welcher Stadt denn wohntet ihr am liebsten?
EUELPIDES.

Wo dies die wichtigsten Geschäfte wären: –
Früh käm' an meine Tür ein guter Freund
Und spräche: ›Beim olymp'schen Zeus, du kommst
Doch ja zu mir mit deinen Kindern, wenn
Sie morgens frisch gewaschen sind: wir haben
Ein Hochzeitsmahl: und fehl mir ja nicht, sonst
Bleib mir auch weg, wenn's einmal schmal mir geht!‹
WIEDEHOPF.

Bei Zeus, du liebst beschwerliche Geschäfte!

Zu Pisthetairos.

Und du?
PISTHETAIROS.

Dergleichen lieb' auch ich!
WIEDEHOPF.

Zum Beispiel?
PISTHETAIROS.

Wenn einer schwerbeleidigt sich bei mir

Beklagt', ein Vater eines hübschen Knaben:
›So, schön von dir, Stilbonides! Mein Söhnchen,
Das frischgebadet du beim Ringhof trafst,
Mir nicht zu grüßen, küssen, mitzunehmen –
Und auszugreifen – Du, mein alter Freund?!‹ –
WIEDEHOPF.

Du armer Mann, du liebst vertrackte Dinge!
Nun, in der Tat, solch eine Stadt der Wonne
Liegt fern am Roten Meer –
EUELPIDES.

Um Gottes willen,
Nur nicht am Meer! – daß eines Morgens – schrecklich! –
Die Salaminia auftaucht, uns zu holen?
Kannst du uns keine Stadt in Hellas nennen?
WIEDEHOPF.

Laßt euch zu Lepreos in Elis nieder!
EUELPIDES.

Zu Lepreos, dem Krätznest? Pfui, das hass' ich,
Eh' ich's gesehn, schon von Melanthios her!
WIEDEHOPF.

So siedelt euch bei den Opuntiern an
In Lokris!
EUELPIDES.

Was, in Lokris? Lockrer Lump!
Das würd' ich nicht um eine Tonne Golds! –
Wie ist denn bei euch Vögeln hier das Leben?
Du kennst es ja!
WIEDEHOPF.

Kein übler Aufenthalt!
Man braucht hier, um zu leben, keinen Beutel!
EUELPIDES.

Da gibt's auch keine Beutelschneiderei!

14

WIEDEHOPF.

Wir picken in den Gärten weißen Sesam,
Mohnkörner, Myrtenbeeren, Wasserminze.
EUELPIDES.

Da führt ihr ja ein wahres Hochzeitleben!
PISTHETAIROS.

Ha! Hört!
Zu großen Dingen, seh' ich, ist bestimmt
Das Vögelvolk – wenn ihr mir folgen wollt!
WIEDEHOPF.

Dir folgen? Wie?
PISTHETAIROS.

Vor allem flattert nicht
Mit offnen Schnäbeln in der Welt herum,
Das schickt sich nicht für euch! Wenn dort bei uns
Man fragt nach solchen flatterhaften Burschen:
»Wer ist der Vogel?« – gleich sagt Teleas:
›Ein wetterwend'scher Mensch, charakterlos,
Heut so und morgen so, ein luft'ger Zeisig!‹
WIEDEHOPF.

Beim Dionysos, und der Mann hat recht!
Was tun?
PISTHETAIROS.

Erbaut euch eine Stadt für alle!
WIEDEHOPF.

Wir Vögel eine Stadt bau'n? Wie denn das?
PISTHETAIROS.

»Mein Gott, wie albern du nur reden kannst!«
Da schau hinab!
WIEDEHOPF.

Ich schau'!

PISTHETAIROS.

Nun schau hinauf!

WIEDEHOPF.

Und nun?

PISTHETAIROS.

Jetzt dreh den Hals herum!

WIEDEHOPF.

Bei Zeus,

Es lohnt sich wohl, den Hals mir zu verrenken?

PISTHETAIROS.

Was sahst du nun?

WIEDEHOPF.

Die Wolken und den Himmel!

PISTHETAIROS.

Das ist doch wohl der Staat der Vögel, nicht?

WIEDEHOPF.

Was, Staat? Wie meinst du das?

PISTHETAIROS.

Die Station,

Wo stattlich ausgestattet, was ihr wollt,

Ihr euch gestattet – sieh, das ist ein Staat!

Und baut ihr Häuser da und Mauern drum.

Dann habt ihr in dem Staat auch eine Stadt!

Heuschrecken sind dann gegen euch die Menschen,

Die Götter hungert ihr gut melisch aus –

WIEDEHOPF.

Wie?

PISTHETAIROS.

Zwischen Erd' und Himmel ist die Luft,

Nicht wahr? – Wie wir, wenn wir nach Delphi gehn,

Um freien Durchzug die Boioter bitten,

So, wenn die Sterblichen den Göttern opfern

Und die den Durchgangszoll euch nicht entrichten,
Laßt durch die Luftstadt ihr die fremde Ware,
Den Opferbratenduft, nicht mehr passieren.

WIEDEHOPF.

Der Tausend auch!
Bei allen Netzen, Schlingen, Vogelstangen!
Ein beßrer Einfall kam mir nie zu Ohren!
Es gilt! Ich bau' mit dir die Stadt, wofern
Die andern Vögel einverstanden sind.

PISTHETAIROS.

Wer stellt den Antrag ihnen vor?

WIEDEHOPF.

Du selbst!
Durch langen Umgang bracht' ich den Barbaren –
Das waren sie – ein bißchen Sprache bei.

PISTHETAIROS.

Kannst du sie denn zusammenrufen?

WIEDEHOPF.

Leicht!
Ich gehe nur geschwind da ins Gebüsch
Und wecke meine Nachtigall; dann rufen
Wir ihnen, und sobald sie unsre Stimme
Vernehmen, eilen sie im Flug herbei.

PISTHETAIROS.

Herzlieber Vogel, steh nicht müßig da,
Ich bitt' dich, geh nur gleich hier ins Gebüsch,
Geh schnell und wecke deine Nachtigall!

WIEDEHOPF *singt hinterm Busch.*

O Gespielin, wach auf und verscheuche den Schlaf,
Laß strömen des Liedes geweihte Musik
Aus der göttlichen Kehle, die schmelzend und süß
Um mein Schmerzenskind und das deine klagt

Und melodischen Klangs aushauchend den Schmerz,
Ach, um Itys weint!
Rein schwingt sich der Schall durch das rankende Grün
Zu dem Throne des Zeus, wo Phoibos ihm lauscht,
Der Goldengelockte, zu deinem Gesang
In die elfenbeinerne Harfe greift,
Zu deinem Gesange den schreitenden Chor
Der Unsterblichen führt;
Und weinend mit dir, einstimmig ertönt
Von dem seligen Mund
Der Unsterblichen himmlische Klage.

Flötenspiel hinter der Szene, Nachtigallentöne nachahmend.

PISTHETAIROS.

Welch Vogelstimmchen! Nein, das übertaut,
Bei Zeus! mit Honigseim den ganzen Wald.

EUELPIDES.

Du –

PISTHETAIROS.

Was beliebt?

EUELPIDES.

Sei still doch!

PISTHETAIROS.

Ei, warum?

EUELPIDES.

Der Wiedhopf präludiert, es kommt noch eins!

WIEDEHOPF *singt unter Flötenbegleitung.*

Hup hup hup op op op, hup hup hup hup hup,
Juhu, Juhu! Heran, heran, heran!
Heran, ihr meine Mitgefiederten,
Was auf Ährengefilden den Kropf sich füllt!
Heran, ihr Gerstenpicker allzumal,

Körneraufleſende, flinke, geſchmeidige,
Wohllautatmende Sänger,
Die ihr in Saatenfurchen
Trippelt, des feinen Stimmchens
Froh, behaglich also zwitschert:
Tiotio tiotio tiotio tiotio!
Ihr, die ihr in Gärten im Efeulaub
Verborgen nascht, auf den Bergen schwärmt,
Berberitzenverschlinger, Erdbeerenverschlucker,
Fliegt schleunig herbei auf meinen Ruf:
Trioto trioto totobrix!
Ihr, die ihr im Meer und in sumpfiger Schlucht
Stechfliegen erschnappt und vom Wiesentau
Benetzt durch die blumigen Auen streift
Und Marathons liebliche Gründe!
Komm, rotbehaubtes Haselhuhn!
»Kommt, die ihr über die Wogen des Meers
Fliegt mit den wandernden Halkyonen«,
Eilt zu vernehmen die Kunde, die neuste!
Sammelt, wir rufen euch, sammelt euch all'
Vom langhalsigen Stamme der Vögel!
Denn ein Greis ist gekommen, ein kluger Kopf,
Der ein neues Werk
Hat ausgeheckt, einen neuen Plan:
Drum kommt nun all' zur Beratung,
Kommet, kommet, kommet, kommet!
Toro toro toro torotix!
Kikkabau! Kikkabau!
Toro toro toro torolililix!

PISTHETAIROS *zu Euelpides.*

Du, siehst du einen Vogel?

EUELPIDES.

Keinen Schwanz,

Obwohl ich offnen Mauls zum Himmel gaffe!

PISTHETAIROS.

Der Wiedhopf, scheint's, hat hinterm Busch vergeblich

Gegluckst, gefalzt als wie ein Auerhahn.

*Ein Flammbart kommt durch das linke Tor in die Orchestra
gelaufen.*

FLAMMBART.

Torotix torotix!

PISTHETAIROS.

Ei der Tausend, Freund, ein Vogel! Sieh, da rückt ein Vogel an!

EUELPIDES.

Ei, ein Vogel! Was für einer, möcht' ich wissen: wohl ein Pfau?

PISTHETAIROS *während der Wiedehopf wieder hervorkommt.*

Der da wird's am besten wissen, was das für ein Vogel ist.

WIEDEHOPF.

Das ist kein gemeiner Vogel, den ihr alle Tage seht –

Ein Sumpfvogel!

PISTHETAIROS.

Alle Wetter, prächtig, purpurrot geflammt!

WIEDEHOPF.

Ganz natürlich! Und deswegen ist er Flammbart auch genannt!

Ein Hahn tritt gravitätisch herein.

EUELPIDES.

Du – potz Wetter!

PISTHETAIROS.

Nun, was schreist du?

EUELPIDES.

Sieh, ein zweiter Vogel kommt!

PISTHETAIROS.

Ja, bei Zeus! Wohl der, »der seine Heimat in der Fremde hat«?

Zum Wiedehopf.

Du, »wer ist der seltsam stolze, bergaufsteigende Prophet«?
WIEDEHOPF.

Dieser? Perservogel heißt er!
PISTHETAIROS.

Perser? Beim Herakles, ei,

Sag, wie kommt er denn als Perser ohne sein Kamel daher?

Ein ruppiger Wiedehopf tritt auf.

EUELPIDES.

Sieh, da kommt ein Vogel wieder, einen Helmbusch auf dem
    Haupt!
PISTHETAIROS.

Ei, wie sonderbar! So bist du nicht der einz'ge Wiedhopf hier?

Gibt's denn außer dir noch andre?
WIEDEHOPF.

Der da ist Philokles' Sohn,

Wiedhopfs Enkel, sein Großvater bin ich selbst – gerade wie

»Hipponikos, Sohn des Kallias, Kallias, Hipponikos' Sohn«.
PISTHETAIROS.

Also Kallias ist der Vogel! Denn er mausert sich, sieh her!
EUELPIDES *zu dem zweiten Wiedehopf.*

Edler Mann, du kommst herunter, Sykophanten rupfen dich,

Und die letzten Federn raufen dir galante Dirnen aus!

Eine Kropfgans watschelt herein.

PISTHETAIROS.

Potz Poseidon! Welch ein Vogel, der in allen Farben spielt!

Nun, wie heißt denn dieser?

WIEDEHOPF.

Kropfgans, der bekannte Nimmersatt.

PISTHETAIROS.

Heißt denn Nimmersatt noch jemand anders als Kleonymos?

EUELPIDES.

Der – Kleonymos? – Verloren hat er ja den Helmbusch nicht!

PISTHETAIROS.

Überhaupt, was soll das Buschwerk auf dem Kopf des Federviehs?

Gibt's 'nen Wettlauf denn?

WIEDEHOPF.

Sie machen's eben wie die Karier:

Auf den Hügeln unter Büschen sitzen sie vor'm Feind gedeckt.

PISTHETAIROS.

Ach, Poseidon! Welches Vogelungewitter zieht sich, schau,

Dort zusammen!

EUELPIDES.

Ach, Apollon! Wolk' an Wolke, Gott erbarm's!

Kaum vor flatterndem Gevögel ist der Eingang mehr zu sehn!

Der Chor der Vögel rückt ein.

PISTHETAIROS.

Dort ein Rebhuhn, ei der Tausend! Hier ein Haselhuhn! Und
    hier,

Sieh, da patscht 'ne Wasserente, ein Eisvogelweibchen dort!

EUELPIDES.

Hinter diesem aber? –

PISTHETAIROS.

Der dort? Ein Bartgeier wird es sein!

EUELPIDES.

Heißt Bartgeier denn ein Vogel?

PISTHETAIROS.

Heißt denn Sporgilos nicht so?

Siehst du dort die Eul'?

EUELPIDES.

Ich bitte, »bringt man Eulen nach Athen«?

PISTHETAIROS.

Elster, Turteltaube, Lerche, Weihrauchvogel, Käuzchen, Specht,
Turmfalk', Amsel, Taucher, Schnepfe, Adler, Häher, Auerhahn!

EUELPIDES.

Ahi, was Federvieh!

Ahi, was Rabenvieh!

Wie sie piepsen, und wie alles kreischend durcheinanderrennt!

Weh! Mit offnen Schnäbeln drohend, mit ergrimmten Augen
    sehn

Sie mich an und dich –

PISTHETAIROS *ängstlich.*

Wahrhaftig, ich bemerk' es ebenfalls.

CHOR DER VÖGEL *durcheinander schnarrend.*

Wo, wo, wo, wo, wo, wo ist er, der uns rief, wo horstet er?

WIEDEHOPF.

Hier bin ich, wie immer euer treuer Freund, und warte längst.

CHOR.

We – we – we – we – we – we – welche Freundesbotschaft
    bringst du uns?

WIEDEHOPF.

Eine schöne, kluge, biedre, süße, volksbeglückende!

Denn zwei Menschen, wackre Greise, sind gekommen, sind bei
    mir.

Aufruhr unter den Vögeln.

CHOR.

Wo? Wie? Wa – was?

WIEDEHOPF.

Von den Menschen, sag' ich, kamen zwei ergraute Männer her,

Und zu einem »Riesenwerke« bringen sie den Bauplan mit.

CHORFÜHRER.

Einen größern Frevler hab' ich, seit ich esse, nicht gesehn!

Nun, was sagst du?

WIEDEHOPF.

Laß mich reden! Fürchte nichts!

CHORFÜHRER.

Was tatst du uns?

WIEDEHOPF.

Männer nahm ich auf, die gerne lebten im Verein mit uns!

CHORFÜHRER.

Diese Tat hast du begangen?

WIEDEHOPF.

Und ich freue mich der Tat!

CHORFÜHRER.

Und sie sind schon hier? –

WIEDEHOPF.

In eurer Mitte, so gewiß als ich!

CHOR.

Ach, ach!

Verkauft, verraten, geschändet sind wir!

Denn ein Bruder, ein Freund, der gemeinsam mit uns

Auf den Fluren sein Futter sich suchte,

Hat gebrochen das uraltheil'ge Gesetz,

Hat gebrochen den Eid der Vögel!

Hat ins Netz mich gelockt, mich dem argen Geschlecht

In die Hände geliefert, das, seit es erzeugt,

Mir nur Böses getan!

CHORFÜHRER.

Nun, mit diesem Vogel reden wir dann später noch ein Wort!

Doch die beiden alten Sünder, denk' ich, züchtigen wir gleich.

Kommt, wir reißen sie in Stücke!

Allgemeine Aufregung.

PISTHETAIROS.

Weh, nun ist's um uns geschehn!

EUELPIDES.

Ja, und du, du bist an allem diesem Unglück schuld! Warum
Hast du mich auch mitgenommen?

PISTHETAIROS.

Nun, damit du bei mir bist!

EUELPIDES.

Um es bitter zu beweinen!

PISTHETAIROS.

Sieh, wie albern schwatzt du jetzt!

EUELPIDES.

Albern?

PISTHETAIROS.

Wein' einmal, nachdem sie dir die Augen ausgehackt!

CHOR.

Auf, auf!

Nun drauf und daran, und in grimmigem Sturm

Auf den Todfeind los, und umzingelt ihn rings,

Und schlagt ins Gesicht ihm die Flügel!

Laut heulen soll das verruchte Paar,

Ein Fraß für unsere Schnäbel!

Nicht der waldige Berg, nicht die Wolke der Luft,

Nicht das graue Gewässer des Meeres soll

Sie beschützen vor mir!

CHORFÜHRER.

Nun, was zaudern wir noch länger? Beißt und kratzt und reißt
und rupft!

He, wo ist der Hauptmann? – Dringe mit dem rechten Flügel
vor!

25

EUELPIDES.

Nun wird's Ernst! – Wohin entflieh' ich Armer?

PISTHETAIROS.

Du, so halt doch stand!

EUELPIDES.

Soll ich mich zerreißen lassen?

PISTHETAIROS.

Hoffst du Narr denn, ihnen noch

Zu entwischen?

EUELPIDES.

Wie? Das weiß ich freilich nicht!

PISTHETAIROS.

So höre denn!

Laß uns kämpfen, unsre Töpfe halten wir in tapfrer Hand!

EUELPIDES.

Und was soll der Topf uns helfen?

PISTHETAIROS.

Daß uns keine Eule packt!

EUELPIDES.

Wider diese krummen Krallen –?

PISTHETAIROS.

Nimm den Bratspieß, stecke dran

Einen nach dem andern!

EUELPIDES.

Sieh da, die Glotzaugen! Ach, was tun?

PISTHETAIROS.

Nimm das Essigkrüglein oder hier die Schüssel, wehre dich!

EUELPIDES.

Ei, Respekt vor deiner Klugheit! Ganz strategisch ausgedacht!

In Kriegs-Listen und Maschinen stichst du selbst den Nikias aus.

CHORFÜHRER.

Hurra! Marsch! Bei Fuß den Schnabel! Vorwärts, vorwärts, drauf
und dran!

Rupft, reißt, beißt, zerrt, stoßt, haut, raufet! Schlagt zuerst den
Topf entzwei!

WIEDEHOPF *dazwischentretend.*

Sprecht, was fällt euch ein, was soll das, ungeschlachte Bestien
ihr?

Morden wollt ihr Männer, die euch nichts getan, zerreißen wollt
Ihr Landsleute ohne Schonung, Blutsverwandte meiner Frau?

CHORFÜHRER.

Was? Weswegen sollten ihrer mehr wir schonen als des Wolfs?
Haben wir denn schlimmre Feinde noch zu züchtigen als die?

WIEDEHOPF.

Wenn sie aber, von Geburt zwar Feind, im Herzen Freunde sind,
Wenn, euch guten Rat zu geben, nur sie da sind, nun, wie dann?

CHORFÜHRER.

Pah! Wie können die uns lehren oder guten Rat wohl gar
Uns erteilen, unsre Feinde, unsrer Ahnen Feinde schon?

WIEDEHOPF.

Freunde! Kluge Leute lernen auch von ihren Feinden gern.
Vorsicht frommt in allen Stücken: von dem Freunde wirst du
sie
Schwerlich lernen, doch die Feinde, ja die zwingen dich dazu.
Denn die Städte – nicht dem Freunde, nein, dem Feind
verdanken sie's,
Wenn sie hohe Mauern bauen und Fregatten für den Krieg;
Daß sie's lernten, sichert ihnen Hab und Gut und Weib und
Kind.

CHORFÜHRER.

Ihrem Wort Gehör zu schenken, kann vorerst, wie mich bedünkt,

Uns nicht schaden: was Gescheites lernt man manchmal auch
    vom Feind.

PISTHETAIROS *zu Euelpides.*

Gut, ihr Zorn will, scheint's, sich legen. Weiche Schritt für Schritt
    zurück!

WIEDEHOPF *zum Chorführer.*

Das ist billig, und ihr könnt es *mir* auch zu Gefallen tun!

PISTHETAIROS *zu Euelpides.*

Sieh, sie ziehn's doch vor, in Frieden uns zu lassen: lege drum

Hin die Schüssel samt dem Topfe!

Mit dem Speer im Arm, dem Bratspieß,

Wollen wir auf und ab spazieren

Innerhalb des Waffenplatzes,

Nach dem Topf, des Lagers Marke,

Scharf hinsehend: Fliehn wär' Schande!

EUELPIDES.

Meinst du? – Aber wenn wir fallen,

Wo zu Land wird unser Grab sein?

PISTHETAIROS.

Auf dem Töpferplatz! – Damit man

Von Staats wegen uns bestattet,

Werden wir den Feldherrn sagen,

Daß wir kämpfend sind gefallen

In der Schlacht am ›Vogelsberg‹!

CHORFÜHRER.

Zurück denn, und stellt euch in Reih und Glied,

Und die Lanze des Muts pflanzt neben dem Schild

Des Schlachtgrimms auf, wie im Feld der Soldat;

Wir verhören indessen die Männer da: wer

Und von wannen sie sind,

Und in welcherlei Absicht sie kommen?

Zum Wiedehopf.

He, Wiedhopf, gib einmal Bescheid!
WIEDEHOPF.

Bescheid? Was willst du wissen, sprich!
CHORFÜHRER.

Wer sind die zwei da, und woher?
WIEDEHOPF.

Gastfreund' aus Hellas' weisem Volk!
CHORFÜHRER.

Welch Ungefähr führt sie denn
Beid' hierher ins Vögelreich?
WIEDEHOPF.

Der Wunsch, mir dir, nach deiner Sitt'
Und Art zu leben allezeit!
CHORFÜHRER.

So? Und was bringen sie da vor?
WIEDEHOPF.

Unglaublich klingt es, unerhört!
CHORFÜHRER.

Wie denken sie die Aufenthaltsbewilligung
Zu lohnen uns? Und wollen sie
Mit uns dem Feinde schaden und
Befördern ihrer Freunde Wohl?
WIEDEHOPF.

Ein großes Glück verheißt er uns,
Unglaublich, unaussprechlich groß!
Daß rundum alles euch gehört,
Was unten, oben, rechts und links,
Das demonstriert er euch aufs Haar.
CHORFÜHRER.

Ist er verrückt denn, der Tropf?
WIEDEHOPF.

Oh, ein durchtriebener Kopf!

CHORFÜHRER.

Sollte was hinter ihm sein?

WIEDEHOPF.

Der ist verschlagen und fein!

Der Witz, der Kniff, der Pfiff, der Scharfsinn selbst!

CHORFÜHRER.

Ich will ihn hören, ruf ihn gleich!

Was du da sagst – mich juckt's davon

Schon jetzt in allen Federn!

WIEDEHOPF *zu Pisthetairos und Euelpides.*

Wohlan denn du, und du, den Waffenplunder

Schafft weg und hängt zur guten Stund' ihn auf

Im Rauchfang, bei dem Bild des Feuergottes!

Du aber laß dein Wort, zu dem ich sie

Berief, uns hören: sprich!

PISTHETAIROS.

Beim Phoibos, nein!

Wenn sie mit mir nicht eingehn den Vertrag,

Wie ihn mit seinem Weib der ›Affe‹ schloß,

Der Messerschmied: – mich nicht zu beißen, nicht

Am Hodensack zu zerren, nicht zu krabbeln

Mir da –

CHORFÜHRER.

Dahinten? – Nein!

PISTHETAIROS.

Am Auge, mein' ich!

CHORFÜHRER.

Das geh' ich ein!

PISTHETAIROS.

Beschwöre mir's!

CHORFÜHRER.

Ich schwöre!

So wahr ich mit den Stimmen aller Richter

Und alles Volks zu siegen wünsch' –

PISTHETAIROS.

Es gilt!

CHORFÜHRER.

– Und halt' ich's nicht – mit *einer* Stimme nur!

PISTHETAIROS *zu Euelpides.*

Hört, Bürger und Soldaten, geht mit Wehr

Und Waffen jetzt nach Haus; und habt wohl acht

Des Maueranschlags, der das Weitere sagt!

ERSTER HALBCHOR.

So verschlagen in allen Stücken auch der Mensch

Von Haus aus ist, doch will ich dich hören; sag an!

Denn wohl ist es möglich,

Daß du bessern Rat mir zu geben imstand bist,

Als ich selbst es vermöchte,

Und zu größerer Macht mir verhelfen kannst,

Die mein blöderer Geist nicht geahnt: drum rede!

Was Ersprießliches du uns

Zu verschaffen weißt – wir teilen es redlich!

CHORFÜHRER.

Wohlan denn, was gab den Gedanken dir ein, was bewog dich,
     an uns dich zu wenden?

Das berichte getrost! Denn wir werden zuerst den geschloßnen
     Vertrag nicht verletzen!

PISTHETAIROS.

Schon gärt mir's im Kopfe, beim Zeus, und der Teig zu der Rede,
     schon ist er im Gehen;

Jetzt ohne Verzug, jetzt knet' ich ihn aus! Einen Kranz her,
     Bursch, und ein Becken!

Komm, gieße das Wasser mir über die Hand –

EUELPIDES.

Wie? Geht es zum Schmause denn, oder –

PISTHETAIROS *zu Euelpides.*

Nichts weniger! Nein, ich studiere schon lang auf ein mächtiges,
   schlagendes Kraftwort,

Zu erschüttern die Seele des Volks –

An den Chor.

Ja seht, nur für euch bin ich also bekümmert,

Daß ihr, einst Könige –

CHORFÜHRER.

Könige wir? Über was denn?

PISTHETAIROS.

Könige, freilich,

Über alles, was lebt und webet, zuerst über mich, über den da

Auf Euelpides deutend.

ja Zeus selbst;

Denn älter, weit älter ist euer Geschlecht, als Kronos zusamt den
   Titanen

Und die Erde –

CHORFÜHRER.

Die Erde?

PISTHETAIROS.

Fürwahr, bei Apoll!

CHORFÜHRER.

Ei, das erste Wort, das ich höre!

PISTHETAIROS.

O Einfalt! Du hast dich nicht umgetan und deinen Aisop nicht
   gelesen,

Der es deutlich doch sagt, daß die Schopflerch' einst der erste
   der Vögel gewesen,

32

Eh' die Erde noch war! Und da sei ihr am Pips ihr Vater
gestorben und habe

Fünf Tag' unbeerdigt gelegen, dieweil die Erde noch nicht
existierte;

Aus Verzweiflung grub dann im eigenen Kopf sie ein Loch zu
des Vaters Bestattung.

EUELPIDES.

So liegt denn der Vater der Schopflerch' jetzt, der sel'ge, begraben
im Schopfloch.

PISTHETAIROS.

Und wenn sie nun lang vor der Erde, lang vor den Göttern
gelebt, da gebührt doch

Als den Ältesten ihnen mit Fug und Recht die Gewalt und das
Zepter der Herrschaft!

EUELPIDES.

Beim Apollon, gewiß! Drum laß dir nur ja lang wachsen in
Zukunft den Schnabel,

Denn das Zepter wird Zeus abtreten so schnell nicht dem
tannenpickenden Schwarzspecht!

PISTHETAIROS.

Daß wirklich nun aber die Götter *nicht* vorzeiten die Menschen
beherrschten,

Daß die Vögel als Könige herrschten, dafür gibt's hundert und
tausend Beweise.

So war, zum Exempel, vorzeiten der Hahn souveräner Regent
und Gebieter

Im persischen Reich, vor den Fürsten lang, vor Dareios und
Megabyzos,

Drum heißt er denn auch, weil er einst dort gebot, der persische
Vogel noch heute.

EUELPIDES.

Drum stolziert er auch noch auf den heutigen Tag mit der
aufrecht spitzen Tiara

Auf dem Kopf umher, wie der große Schah, er allein von
sämtlichen Vögeln.

PISTHETAIROS.

So gewaltig war er, so mächtig und stark, daß heut noch, wenn
mit dem Tag er

Sein Morgenlied kräht, die Schlafenden all', seiner sonstigen
Größe gedenkend,

Aufspringen und rasch an die Arbeit gehn, die Töpfer, die
Schmiede, die Gerber,

Mehlhändler, Barbierer und Schneider und Schuh- und Harfen-
und Schildfabrikanten,

In die Schlappschuh' fahren im Dunkeln sie schnell und rennen –

EUELPIDES.

Da hört ein Geschichtchen:

Mein Mantel von phrygischem Wollenzeug, durch den Göckel
kam ich um diesen!

Ich war in die Stadt zu dem Namensfest eines Bübchens geladen,
da trank ich

Mir ein Räuschchen und dämmert' allmählich ein, eh' die andern
noch tranken: da kräht' er;

Ich, wähnend, es tag', geh' Halimos zu und laviere so grad' vor
die Mauern

Hinaus: da versetzt mir ein Straßendieb mit dem Knüttel eins
über den Rücken:

Da lag ich im Dreck und versuchte zu schrein, doch davon war
Mantel und Spitzbub!

PISTHETAIROS.

Der Hellenen König und Herrscher, das war in selbigen Zeiten
der Weihe!

34

EUELPIDES.

  Der Hellenen auch?

PISTHETAIROS.

  Und er führte zuerst als ihr Herr
      und Gebieter den Brauch ein,
  Vor dem Weih' in den Staub sich zu werfen.

EUELPIDES.

  Ach ja, so warf ich mich selbst bei dem Anblick
  Eines Weihen einmal in den Staub, und es fuhr, wie ich offnen
      Maules so dalag,
  In den Hals mir hinunter mein Obolosstück: leer bracht' ich
      nach Hause den Schnappsack!

PISTHETAIROS.

  Im Ägyptenland und im weiten Gebiet der Phoinikier herrschte
      der Kuckuck,
  Und sobald sein ›Kucku‹! der Kuckuck rief, da machten sich
      schnell auf die Beine
  Die Phönizier all' und schnitten ihr Korn auf den Äckern, und
      Gersten und Weizen.

EUELPIDES.

  Potz Tausend! Da kommt wohl das Sprichwort her: »Kuckuck,
      in das Feld, ihr Beschnittnen!«

PISTHETAIROS.

  So gewaltig regierten die Vögel im Land, daß, wo in den Städten
      von Hellas
  Ein König noch war, Menelaos etwa, Agamemnon oder ein
      andrer,
  Da saß auf dem Zepter ein Vogel ihm auch, um zu teilen mit
      ihm die – Schmieralien.

EUELPIDES.

  Von all dem wußt' ich kein Wörtchen und sah mit Verwundrung,
      wie mit dem Vogel

Auf dem Zepter hervor oft Priamos trat auf die Bühne: da stand
    er, der Vogel,

Und lauerte scharf dem Lysikrates auf, was er etwa bekäm' an
    Schmieralien.

PISTHETAIROS.

Doch das Schlagendste, Freunde, das kommt erst jetzt! Zeus
    selber, der Herrscher von heute,

Da steht er, der König der Könige, doch mit dem Vogel, dem
    Adler, zu Häupten;

Mit der Eule sein Kind, die Athene; sein Knecht und Getreuer
    Apoll mit dem Habicht.

EUELPIDES.

Ganz richtig bemerkt: bei Demeter, so ist's! Doch wozu die
    Begleitung der Vögel?

PISTHETAIROS.

Deshalb: wenn einer beim Opfern das Herz und die Leber, so
    wie es gebräuchlich,

In die Hand ihm drückt – daß sie selbst *vor* Zeus das Herz und
    die Leber sich nehmen! –

Bei den Göttern schwur kein Sterblicher sonst, jedmänniglich
    schwur bei den Vögeln;

Noch heut, wenn Lampon aufs Prellen ausgeht – nicht bei Zeus,
    er schwört bei dem Zeisig.

So hat man vorzeiten euch überall als heilig verehrt und gewaltig!

Jetzt sieht man für Tölpel, für Sklaven euch an

Und schlägt euch wie wütende Hunde tot

Und schießt nach euch in den Tempeln sogar!

Und die Vogelsteller, sie lauern euch auf

Mit Netz, Leimrute, mit Schling' und Garn,

Mit Dohne, mit Sprenkel und Meisenschlag.

Und sie fangen und bringen euch schockweis zu Markt,

Und da kommen die Käufer und greifen euch aus!

Und sie braten euch, Wetter! Und wären sie nur

Noch zufrieden, euch so zu servieren bei Tisch!

Da kommt noch geriebener Käse dazu,

Weinessig und Baumöl, Teufelsdreck

Und Honig und Speck, durcheinandergerührt,

Und die Sauce dann schütten sie siedendheiß

Euch über das Fell,

Als wär' es verstunkenes Luder!

ZWEITER HALBCHOR.

O wie schwer, o wie schwer das Wort aufs Herz mir fällt,

Das du, Alter, mir sagst! Ich beweine die Schmach

Und die Feigheit der Väter,

Welche so glänzende Hoheit, ererbt von den Ahnen,

Mir zum Schaden verscherzten.

Doch es führt ja so glücklich ein gutes Geschick

Dich als Retter mir jetzt und Beschirmer entgegen.

In die Arme dir sink' ich

Mit den Küchlein, um fortan im Frieden zu wohnen!

CHORFÜHRER.

Nun erkläre dich aber, was müssen wir tun? Denn es lohnt nicht der Mühe zu leben,

Wenn wir unser erbeigenes Königtum, wie auch immer, nicht wiedererobern!

PISTHETAIROS.

So vernehmt mein Wort: Eine Stadt muß erstehn zur Behausung sämtlicher Vögel;

Dann müßt ihr die Luft, den unendlichen Raum, müßt Himmel und Erd' ihr begrenzen,

Wie Babylon, rund mit Mauern umziehn, kolossal aus gebackenen Quadern!

WIEDEHOPF.

Kebriones, ha! und Porphyrion! Welch himmelanstrebender
Stadtbau!

PISTHETAIROS.

Und sobald sie dann steht, die erhabene Stadt, dann verlangt ihr
von Zeus, daß er abdankt,

Und will er nicht dran und schlägt er es ab und besinnt sich
nicht gleich eines Bessern,

Dann erklärt ihr ihm selber den heiligen Krieg und verbietet den
sämtlichen Göttern,

Durch euer Gebiet auf den Strich zu gehn mit
himmelansteigender Rute,

Wie sie früher so oft eh'brecherisch geil zu Alkmene sich
niederließen,

Zu Alope, Leda und Semele; und kommen sie dennoch, dann
müßt ihr

Sie kurzweg infulieren, damit sie die Weiberchen lassen in
Ruhe.

'Nen Vogel schickt ihr dann ohne Verzug zu den Menschen
hinab als Gesandten

Und gebietet: als Königen sollen sie *euch* von der Stund an
opfern, den Vögeln;

Und nach *euch* erst kriegen die Götter ihr Teil: und es steht
dann geziemenderweise

Den Göttern stets ein Vogel zur Seit', wie er eben für jeglichen
passend:

So, wer Aphroditen ein Opfer weiht, der streue dann Körner
dem Sperling,

Und wer dem Poseidon ein Schaf darbringt, der bedenke die
Ente mit Weizen,

Wer ein Rind dem Herakles, bediene zugleich mit Honigkrapfen
die Kropfgans,

38

Wer dem Zeus als König 'nen Schafbock weiht – Zaunkönig ist
   ebenfalls König,
Und es ziemt sich, *vor* Zeus ihm den männlichen – Floh als
   hüpfendes Böcklein zu schlachten!

EUELPIDES.

   Ein ergötzlicher Spaß – der geschlachtete Floh!
   Ei, da schlage der Donner des Zeus drein!

WIEDEHOPF.

   Wie sollen denn aber für Götter und nicht für Dohlen die
      Menschen uns achten?
   Wir fliegen und haben doch Flügel am Leib?

PISTHETAIROS.

   O Einfalt! Hat denn nicht Flügel
   Auch Hermes und fliegt, und er ist doch ein Gott, und es fliegen
      der Götter noch viele,
   Die Nike mit goldenen Schwingen, sie fliegt, und es fliegt doch,
      beim Zeus! auch der Eros,
   Und »der schüchternen Taube vergleichbar« ist nach Vater
      Homeros die Iris?

WIEDEHOPF.

   Schlägt Zeus dann nicht drein mit dem Donnerkeil und schickt
      uns geflügelte Blitze?

PISTHETAIROS.

   U⸴ ᵎ wollen für nichts euch die Sterblichen dann, aus purer
      Beschränktheit, noch achten
   ⸴nd für Götter dort oben nur die im Olymp, dann soll eine
      Wolke von Spatzen,
   Ein fliegendes, körneraufpickendes Korps, wegschnappen die
      Saaten der Äcker;
   Und metzenweis mag die Demeter dann an die Hungrigen
      Weizen verteilen.

EUELPIDES.

Die läßt das wohl sein, gib acht, die ersinnt Ausreden und läßt
sie verhungern!

PISTHETAIROS.

Dann laßt ihr die Raben dem mageren Vieh, mit dem sie die
Äcker bepflügen,

Und den Schafen aushacken die Augen, damit sie erkennen, wer
Herr ist und Meister;

Und Apollon, der Arzt, er kuriere sie dann, wie er pflegt – für
bare Bezahlung!

EUELPIDES.

Nur ein bißchen noch wartet! Ich möchte nur erst meine
Stierchen zuvor noch verkaufen!

PISTHETAIROS.

Doch beten als Schöpfer und Gott sie dich an, als Poseidon,
Kronos und Gaia,

Dann genießen sie Güter im Überfluß!

WIEDEHOPF.

So nenne mir eines der Güter!

PISTHETAIROS.

Nie werden den knospenden Reben fortan Heuschrecken die
Augen zerfressen,

Denn Sperber und Eulen – nur *eine* Schwadron wird genug sein,
sie zu vertilgen.

Gallwespen und Fliegen und andres Geschmeiß, sie benagen
nicht länger die Feigen,

Denn die Krammetsvögel, ein einziger Schwarm – glattsauber
putzt er die Bäume.

WIEDEHOPF.

Wo kriegen wir aber den Reichtum her für die Menschen? Das
ist ja ihr Liebstes!

PISTHETAIROS.

Wer um Silberminen die Vögel befragt, – sie verleihn die
ergiebigsten Schachte;

Wo die besten Geschäfte zu machen sind, durch die Seher erfährt
er's von ihnen;

Nicht *ein* Seefahrer verunglückt mehr!

WIEDEHOPF.

Nicht *einer?* Wie sollte das zugehn?

PISTHETAIROS.

Ein Vogel wird jeden, sobald er ihn fragt, vor der Fahrt aufs
beste beraten:

›Jetzt segle nicht ab: denn es droht dir ein Sturm!‹ – ›Du ge-
winnst: jetzt lichte die Anker!‹

EUELPIDES.

Ei, da kauf' ich ein Schiff mir und stech' in die See: ich verlass'
euch, ich bleibe nicht länger!

PISTHETAIROS.

Dann decken sie ihnen die Schätze auf, die die Leute vor alters
verscharrten,

Voll blinkenden Silbers: sie wissen gar wohl, wo sie liegen, drum
heißt es im Sprichwort:

»Ich hab' 'nen Schatz, und es weiß es kein Mensch wo er liegt:
das weiß nur der Geier!«

EUELPIDES.

Ich verkaufe mein Boot, schaff' Hacken herbei, und da grab' ich
mir Töpfe voll Gold aus.

WIEDEHOPF.

Wie verschaffen wir ihnen Gesundheit denn? Bei den Göttern
ja wohnt Hygieia?

PISTHETAIROS.

Wenn's ihnen nun aber recht grundwohl geht, das ist doch
Gesundheit die Fülle!

Denn, sieh mal, geht es dem Menschen schlecht, dann fehlt die
        Gesundheit ihm vornweg!

WIEDEHOPF.

Wo bekommen wir aber das Alter her? Denn das Alter ist auch
        im Olympos:

Dann sterben die Menschen als Kinder schon weg –

PISTHETAIROS.

Mitnichten! Die Vögel, sie legen

Dreihundert Jahre den Menschen noch zu!

WIEDEHOPF.

Und woher denn?

PISTHETAIROS.

Woher? Von sich selber!

»Die krächzende Krähe«, das weißt du doch wohl, »fünf
        Menschenalter durchlebt sie.«

EUELPIDES *gegen das Publikum.*

Potz Wetter, das nenn' ich mir Könige, die weit besser als Zeus
        für uns taugen!

PISTHETAIROS *ebenso.*

Das mein' ich doch auch!

Wir brauchen da marmorne Tempel nicht mehr

Zu errichten für sie und Portale daran

Zu erbaun aus Gold: oh, die wohnen auch gern

Im Wacholdergebüsch und im Haselnußstrauch,

Und der Ölbaum wölbt sich zum heiligen Dom

Für die Allerhöchsten im Vogelreich.

Nach Delphi zu pilgern, zu Ammons Sitz

Und zu opfern daselbst, fällt keinem mehr ein:

Wir stellen uns mitten ins Dickicht hin

Von wilden Oliven und Erdbeergebüsch

Und streu'n Hanfkörner und Weizen für sie

Und flehn mit erhobenen Händen sie an

Um Geld und Gut, und das wird uns dann auch

Ohne weitres gewährt

Für die Handvoll Korn, die wir streuen!

CHORFÜHRER.

Ehrwürdiger Greis, zum vertrautesten Freund aus dem bittersten
     Feind mir geworden,

Nie weich' ich von dir, treu werd' ich bei dir und deinen
     Entwürfen verharren!

Durch deiner Worte Kraft begeistert schwör'

Ich's heilig, und die Drohung sprech' ich aus:

Wenn du in heiliger Allianz

Mit mir zum Kampf auf Tod und Leben

Dich verbündest und treu

Wider die Götter mir hilfst,

Ein Herz und eine Seele, Freund,

Dann, Götter, sollt ihr länger nicht

Unser Zepter schänden!

Und das machen wir so: wo der rüstigen Kraft es bedarf, da
     postieren wir selbst uns;

Wo es aber zu denken, zu raten gilt, da vertrauen wir deinem
     Genie uns!

WIEDEHOPF.

Nun aber ist, beim Zeus, nicht mehr zum Zaudern

Und Schlafen Zeit, zur Nikiasnickerei!

Wir müssen handeln, und das gleich! So tretet

Vorerst hier ein in meine Nestbehausung

Und nehmt vorlieb mit Halmen, Stroh und Reisig!

Ei, nennt uns doch auch eure Namen!

PISTHETAIROS.

Gern,

Ich heiße Pisthetairos!

WIEDEHOPF.

Schön! Und du?

EUELPIDES.

Euelpides von Thria.

WIEDEHOPF.

Seid mir beide

Willkommen!

PISTHETAIROS.

Schönen Dank!

WIEDEHOPF.

Nun tretet ein!

PISTHETAIROS.

Geh du voran, wir folgen dir.

WIEDEHOPF.

So kommt!

PISTHETAIROS.

Halt! Du, wie ist denn das? – Komm doch zurück!

Wie können wir, die Unbeflügelten,

Mit euch denn leben, den Beflügelten?

WIEDEHOPF.

Ganz gut!

PISTHETAIROS.

Du weißt, wie übel in der Fabel

Aisops es jenem Fuchs ergangen ist,

Der mit dem Aar gemeine Sache machte!

WIEDEHOPF.

Sei unbesorgt! Es gibt ein Würzelchen:

Das kaut ihr nur, dann seid ihr gleich beflügelt.

PISTHETAIROS.

Nun denn, wir folgen!

Zu den Sklaven.

Du da, Manodoros
Und Xanthias, nehmt die Bagage mit!

CHORFÜHRER.

Noch ein Wort, noch ein Wort, ei so höre doch!

WIEDEHOPF.

Nun?

CHORFÜHRER.

Du geleitest ins Nest sie, die Gäste,

Und bewirtest sie gut! Doch die Nachtigall, Freund, die süße
      Gespielin der Muse,

Die schick uns heraus zur Gesellschaft und laß mit der Holden
      uns spielen und scherzen!

PISTHETAIROS.

O ja, bei Zeus, tu ihnen den Gefallen

Und lock das Vögelchen aus dem Gebüsch!

EUELPIDES.

Ja, bei den Göttern, lock es her und gönn'

Auch uns den Anblick deiner Nachtigall!

WIEDEHOPF.

Nun, wenn ihr wollt, so sei es!

Ruft ins Gebüsch.

Philomele,

Komm 'raus und zeige dich den werten Gästen!

Philomele tritt auf als Flötenspielerin, mit einer Vogelmaske.

PISTHETAIROS.

Großmächt'ger Zeus, welch niedlich Vögelchen,

Wie zart, wie weiß –

EUELPIDES.

Ich sage dir, mit der

Probiert' ich schon vierfüßig eins zu spielen!

PISTHETAIROS.

Was die mit Gold behängt ist! wie die Jungfrau!

EUELPIDES.

Kaum halt' ich mich: ich muß, ich muß sie küssen!

PISTHETAIROS.

Du Narr, sieh nur den Bratspießschnabel an!

EUELPIDES.

Ich darf ihr nur die Eierschale da

Vom Köpfchen streifen – komm und laß dich küssen!

WIEDEHOPF *nimmt ihn am Arm.*

Gehn wir hinein!

PISTHETAIROS.

Glück zu! Wir folgen dir!

Alle ab.

CHOR *singt.*

Liebliches Blondköpfchen,

Süßestes Vögelein,

Meiner Lieder Begleiterin,

Nachtigall, holde Gespielin!

Bist du's, bist du es, kommst du,

Bringst du mir süße Gesänge mit?

Komm und flöte mir himmlische

Frühlingstön'! Anapästische

Rhythmen laß uns beginnen!

Flötenspiel.

CHORFÜHRER *an die Zuschauer.*

O ihr Menschen, verfallen dem dunkeln Geschick, »den Blättern
      des Waldes vergleichbar«,

Ohnmächtige Zwerge, Gebilde von Lehm, traumähnliche
      Schattengestalten,

O ihr Eintagsfliegen, der Flügel beraubt, ihr
    erbärmlichverweslichen Wesen,
Jetzt lauschet und hört die Unsterblichen an, die erhabenen,
    ewiglich jungen,
Die ätherischen, himmlischen, seligen, *Uns,* die Unendliches
    sinnenden Geister,
Die euch offenbaren die Lehre vom All und den überirdischen
    Dingen:
Wie die Vögel entstanden, der Götter Geschlecht, und die Ströme,
    die Nacht und das Chaos:
Auf daß ihr erkennet, was ist und was war, und zum Geier den
    Prodikos schicket!
In der Zeiten Beginn war Tartaros, Nacht, und des Erebos Dunkel
    und Chaos;
Luft, Himmel und Erde war nicht; da gebar und brütet' in Erebos'
    Schoße,
Dem weiten, die schattenbeflügelte Nacht das uranfängliche
    Windei;
Und diesem entkroch in der Zeit Umlauf der
    verlangenentzündende Eros,
An den Schultern von goldenen Flügeln umstrahlt und behend
    wie die wirbelnde Windsbraut.
Mit dem Chaos, dem mächtigen Vogel, gepaart, hat *der* in des
    Tartaros Tiefen
Uns ausgeheckt und heraufgeführt zu dem Lichte des Tages, die
    Vögel.
Noch war das Geschlecht der Unsterblichen nicht, bis er alles
    in Liebe vermischte.
Wie sich eins mit dem andern dann paarte, da ward der Okeanos,
    Himmel und Erde,
Die unsterblichen, seligen Götter all! – Und so sind wir
    erwiesenermaßen

Weit älter, als alle Unsterblichen sind! Denn, daß wir von Eros gezeugt sind,

Ist sonnenklar: denn wir fliegen wie er und gesellen uns gern den Verliebten:

Manch reizenden Knaben, der kalt sich verschloß, hat nah an der Grenze der Jugend

Durch unsre Gewalt der verliebte Freund noch gewonnen durch Vögelpräsente:

Durch ein Perlhuhn oder ein Gänschen wohl auch, durch Wachteln und persische Vögel!

Was es Schönes auf Erden und Großes gibt, das verdanken uns alles die Menschen:

Wir verkünden die wechselnden Zeiten des Jahrs, den Frühling, den Sommer, den Winter:

Der Kranich, er mahnt euch zu säen im Herbst, wenn er krächzend nach Libyen wandert,

Und der Seemann hängt sein Steuer alsdann in den Rauch, um aufs Ohr sich zu legen:

Den Orestes heißt er sich weben ein Kleid, um im Frost es nicht stehlen zu müssen.

Kommt aber der Weih, so verkündet er euch nach dem Winter die mildere Jahrszeit,

Wo die Frühlingswolle den Schafen ihr müßt abscheren; die zwitschernde Schwalbe,

Die erinnert euch jetzt, zu verträdeln den Pelz und ein sommerlich Röckchen zu kaufen;

Kurz, Ammon sind wir und Delphi für euch und Dodona und Phoibos Apollon!

Stets wendet ihr euch an die Vögel zuerst, eh' eure Geschäft' ihr besorget,

Als: Lohnarbeit und Kauf und Verkauf und Eheverlöbnis und Hochzeit.

Wer beißt euch die Mutter ins Bein und verheißt und beschert
euch den Segen? – Der Storch ist's!
Gar manchem entschlüpft vor Verwund'rung ein ›Ei!‹ und ihr
›höret ein Vögelchen pfeifen‹;
›Das weiß nur der Geier!‹ bekennt ihr, und geht euch ein Licht
auf, sagt ihr: ›Es schwant mir!‹
Erkennt ihr es endlich und seht ihr in uns den leibhaftigen Seher
Apollon?
Nun wohlan! Wofern ihr als Götter uns ehrt,
Weissagende Musen dann habt ihr für Wind
Und Wetter, für Sommer und Winter und Lenz
Und die Kühle des Herbsts! Wir entlaufen euch nicht,
Wir setzen uns nicht vornehm und bequem
In die Wolken hinauf so breit wie Zeus;
Aus traulicher Nähe verleihen wir euch,
Euch selbst samt Kindern und Enkeln, Gedeih'n
Und Gesundheit die Füll',
Und Leben und Segen und Frieden und Ruh'
Und Vergnügen und Spaß und Jugend und Tanz,
Und Hühnermilch!
Ja, ihr werdet's, ihr all', aushalten nicht mehr
Vor Vergnügen und Lust:
So werdet ihr schwimmen im Reichtum!
ERSTER HALBCHOR.

Gesang mit Flötenbegleitung.

Melodienreiche –

Die Nachtigall fällt ein.

Tiotio tiotio tiotio tiotinx!
Muse des Hains, mit der ich oft
In Tälern und hoch auf waldigen Bergen –

Wie oben.

Tio tio tiotinx!

Schaukelnd im schattigen Laube der Esche mein Lied –

Tiotio tiotio tiotinx!

Aus der Tiefe der Brust ausströmte, den Pan

Feiernd mit heiligem Sang und die hehre

Bergedurchschwärmende Mutter der Götter, –

Tototo tototo totototinx!

Dort, wo gleich der Biene schwärmend

Phrynichos einst sich gepflückt

Des Gesanges ambrosische Frucht, der Sänger

Unerschöpften Wohllauts!

CHORFÜHRER *an die Zuschauer.*

Hat von euch Zuschauern etwa einer Lust, sein Leben froh

Mit den Vögeln hinzuspinnen? – Macht euch auf und kommt
      zu uns!

Denn was hierzulande schändlich und verpönt ist durchs Gesetz,

Das ist unter uns, den Vögeln, alles löblich und erlaubt.

Wenn es hier für Infamie gilt, seinen Vater durchzubleu'n,

Ei, bei uns, da gilt's für rühmlich, wenn der Sohn den Vater
      packt,

Tüchtig prügelt und noch auslacht: ›Wehr dich, wenn du Sporen
      trägst!‹

Ist bei euch gebrandmarkt einer als ein durchgebrannter Sklav',

Der erhält bei uns den Namen: buntgefleckter Pelikan;

Und wenn unter euch ein Myser etwa ist, wie Spintharos,

Der passiert bei uns als Meise, von Philemons Vetterschaft.

Wer ein Sklav' ist und ein Karer, gleich dem Exekestides,

Mag mit uns als Gimpel leben, und da hat er Vettern g'nug.

Wer, wie Peisias' Sohn, den Frevlern heimlich öffnen will das
      Tor,

Ein Zaunschlupfer mag er werden, seines Vaters würd'ge Brut;

Denn bei uns – wer wird ihn schelten, wenn er durch die Zäune
    schlüpft?
ZWEITER HALBCHOR.

Gesang.

Und Schwäne stimmten –
Tiotio tiotio tiotiotinx!
Lieder mit an und jauchzten laut,
Mit den Flügeln schlagend zum Preis des Apollon, –
Tiotio tiotio tiotinx!
Ruhend am Ufer, den flutenden Hebros entlang;
Tiotio tiotio tiotinx!
Und es schwang ihr Gesang sich zum Äther empor:
Tiere des Waldes, sie lauschten und stutzten,
Spiegelhell ruhten, geglättet die Wogen –
Tototo tototo totototinx!
Widerhallte der ganze Olympos,
Staunen ergriff auf dem Thron
Die Götter, die Grazien stimmten mit ein
Und Musen in den Jubel!
CHORFÜHRER *an die Zuschauer.*
Nichts ist schöner, nichts bequemer, glaubt mir, als geflügelt
    sein!
Posito, ihr hättet Flügel, und gelangweilt fühlte sich
Ein Zuschauer hier, aus purem Hunger, durch ein Trauerspiel:
Nun, der flöge schnell nach Hause, nähm' ein Gabelfrühstück
    ein,
Und mit vollem Magen käm' er dann im Flug hierher zurück.
Wenn ein Patrokleides unter euch in Leibesnöten ist,
Braucht er's nicht ins Hemd zu schwitzen: ›Platz, ihr Herrn!‹ –
    er fliegt davon,
Dampft sich aus, und wohlgelüftet kommt er flugs hierher zurück.

Wenn – ich meine nur – in eurer Mitt' ein Ehebrecher sitzt,
Und er sieht den Mann der Dame auf den Ratsherrnbänken hier,
Über euren Häuptern fliegt er auf der Liebe Schwingen weg,
Protzt schnell ab und ist im Umsehn wieder hier auf seinem
     Platz!
Flügel zu besitzen – kennt ihr, sagt es selbst, ein schöner Glück?
Hat Diitrephes, der Flügel nur aus Flaschenbast besaß,
Doch zum Hauptmann, Reiteroberst sich erhoben, ist aus nichts
Nun ein großer Mann geworden, wie ein Roßhahn aufgebläht!

Zweite Szene

Der Chor. Pisthetairos und Euelpides, beide mit Vogelmasken und Flügeln. Später nacheinander: Ein Priester, ein Poet, ein Wahrsager, Meton, ein attischer Kommissär, ein Ausrufer.

PISTHETAIROS *lachend.*

Das wär' vorüber! – Aber nein, bei Zeus,

So spaßhaft hab' ich doch noch nichts gesehn!

EUELPIDES.

Was lachst du?

PISTHETAIROS *lachend.*

Die improvisierten Flügel! –

Du, weißt du, wem du gleichst mit deinen Federn?

'Ner Gans, die roh ein Maler hingekleckst!

EUELPIDES.

Du einer Amsel mit gerupftem Kopf!

PISTHETAIROS.

So sind wir denn, nach Aischylos, jetzt Vögel,

»Durch fremdes nicht, durch eigenes Gefieder.«

CHORFÜHRER.

Was muß denn jetzt geschehn?

PISTHETAIROS.

Vor allem geben

Der Stadt wir einen Namen, groß und prächtig!

Dann opfern wir den Göttern!

CHORFÜHRER.

Meinetwegen!

Laßt sehn, wie nennen wir die Stadt denn gleich?

EUELPIDES.

Wollt ihr was Großes, was Lakonisches?

Benennen wir sie Sparta?

53

CHORFÜHRER.

Nein, da sei

Herakles vor! Wer spart da, wo es gilt

Zu baun der Vögel stolze Residenz?

EUELPIDES.

Nun, welchen Namen willst du denn?

CHORFÜHRER.

Er muß

Hoch in die Wolken, in den Weltraum ragen,

– Ein rechtes Maul voll!

PISTHETAIROS *der indessen nachdenklich gestanden, ruft plötzlich.*

Wolkenkuckucksburg?

Nicht wahr?

CHOR.

Ja, Wolkenkuckucksburg! Juhe!

CHORFÜHRER.

Prachtvoller Name, den du da gefunden!

EUELPIDES.

Ist das dasselbe Wolkenkuckucksburg,

Wo so viel Land Theagenes besitzt

Und Aischines sein Erbgut?

PISTHETAIROS.

Ja, wenn nicht

Dort liegt das Phlegrafeld, wo einst die Götter

Großmäulig die Titanen niedertrumpften!

CHORFÜHRER.

Ha, eine »fette« Stadt! Wer wird denn auch

Ihr Schutzpatron? Wem wirken wir den Peplos?

PISTHETAIROS.

Ich denke, wir behalten die Athene!

EUELPIDES.

Wie kann denn Ordnung sein in einer Stadt,

54

Wo eine Göttin steht, ein Weib, in Waffen
Bis an die Zähn' – und Kleisthenes am Webstuhl?
PISTHETAIROS.
Wer schirmt die Mauer, die pelargische?
CHORFÜHRER.
Der Unsern einer, persischen Geblüts,
Ein Vogel, weltbekannt als hitz'ger Degen,
Des Ares Küchlein!
EUELPIDES.
Küchlein, hoher Gott,
Wie thronst du passend auf der Felsenzinne!
PISTHETAIROS *zu Euelpides.*
Hör, Freund, du mußt jetzt in die Luft hinauf!
Geh dort den Maurern an die Hand, zieh aus
Den Rock, und trage Stein' und rühre Kalk,
Den Kübel trag hinauf, und fall die Leiter
Herab, stell Wachen aus, hab acht aufs Feuer,
Geh mit der Schell' herum, und schlaf dabei,
Schick einen Herold zu den Göttern droben,
Und an die Menschen drunten einen zweiten,
Und dann zurück, meinthalb, zu mir –
EUELPIDES *in den Bart murmelnd.*
Und du
Bleib hier meinthalb und hole dich der –
PISTHETAIROS.
Bester,
Tu, wie ich sag': es geht nicht ohne dich!

Euelpides ab.

Ich aber will den neuen Göttern opfern
Und zur Prozession den Priester rufen.

Abgehend zu den Sklaven.

Weihwasser, Bursch, und bring' den Opferkorb!
DER PRIESTER *kommt mit Pisthetairos.*

Ich bin dabei, ich steh' zu Dienst;
Ja, den Vorschlag heiß' ich gut:
Laßt uns in festlichem Zug
Wallen den Göttern zu Ehren!
Und ich denke, wir schlachten auch ihnen zum Dank
Einen stattlichen Bock!

Zum Raben, der als Flötenspieler fungiert.

Voran, voran denn, pythisch Flötenspiel!
Mitpfeifen mag auch Chairis!
PISTHETAIROS *zum Raben.*

Hör auf zu blasen! Wetter, was ist das?
Beim Zeus, ich sah schon viel' und närr'sche Dinge,
Doch einen Maulkorbrabenspielmann nie!

Zum Priester.

Auf, Priester, opfre jetzt den neuen Göttern!
PRIESTER.

Sogleich! Wo ist der Bursche mit dem Korbe?

*Der Sklave mit dem Korb tritt vor den Priester, nimmt Fleisch
usw. heraus.*

Jetzt betet zur geflügelten Hestia
Und zum herdbeschirmenden Weihen,
Zu den olympischen Vögeln
Und Vögelinnen,
Zu jeder und jedem ......
PISTHETAIROS.

Heil dir auf Sunion, Seeschwallbeherrscher!

PRIESTER.

Und zum pythischen und zum delischen Schwan,

Zur ortygischen Wachtel Leto,

Und zur Waldschnepfe Artemis ......

PISTHETAIROS.

Waldfürstin einst, Waldschnepfe jetzt, erhör uns!

PRIESTER.

Und zu dem Spatzen Sabazios,

Und zur Straußin, der großen

Mutter der Götter und Menschen ......

PISTHETAIROS.

... Und Kleokrits! Heil, Straußin Kybele!

PRIESTER.

Verleiht den Wolkenkuckucksburgern

Gesundheit, Heil und Segen,

Ihnen und den Chiern!

PISTHETAIROS *lachend.*

Die Chier sind doch immer hinten dran!

PRIESTER.

Betet auch zu den Vogelhero'n und ihren Sprossen,

Zum Strandreiter und zum Pelikan,

Zum Steißfuß und zur Kropfgans,

Zum Perlhuhn und zum Pfauen,

Zum Kauz und zur Trappe,

Zum Krabbentaucher, zum Reiher,

Zum Urubu und zum Luruku,

Und zum Kohlmeis'chen –

PISTHETAIROS.

Zum Geier, schweig mit deinem: zumzumzum!

Schau doch das Opfer an, zu dem du Narr

Steinadler lädst und Falken! Siehst du nicht:

Ein einz'ger Weihe fräße das ja auf!

Geh fort mit deiner Priesterbinde, geh!
Ich will das Opfer schon allein verrichten.

Priester ab.

PISTHETAIROS *beginnt die Zeremonie wieder.*

So will ich denn ein ander Lied
Singen zur Besprengung
Mit dem heil'gen Wasser und laut
Feierlich rufen die Götter –
Oder einen zum wenigsten, denk' ich, wofern
Noch das Futter reicht!
Denn was an Opferstücken hier zu sehn,
Ist nichts als Haut und Knochen!

Betend und den Weihkessel schwingend.

Laßt betend uns den Vogelgöttern opfern ......
EIN BETTELPOET *langhaarig und zerlumpt, tritt auf und singt.*

Wolkenkuckucksburg, die beglückte Stadt,
Preise mir, Muse,
Mit deiner Hymnen Wohllaut ......
PISTHETAIROS.

Was kommt da für ein Wesen? Kerl, wer bist du?
POET.

Ich bin ein honigsüßengesangausströmender
»Eifriger Diener der Musen –«
Mit Homeros zu sprechen!
PISTHETAIROS.

Wie kommst du denn als Knecht zu langem Haar?
POET.

Nicht doch! Wir all', des Gesanges Meister,
Sind »eifrige Diener der Musen« –
Mit Homeros zu sprechen!

58

PISTHETAIROS.

Dein Flaus hat auch schon lang gedient: man sieht's!

Nun sprich, Poet, was Henkers führt dich her?

POET.

Ich hab' auf eure Wolkenkuckucksburg

Viel Oden, Hymnen, Jungfraunchör' ersonnen,

Prachtvoll, im Stile des Simonides.

PISTHETAIROS.

Wann hast du angefangen, die zu machen?

POET.

Schon lang, schon lang besing' ich eure Stadt!

PISTHETAIROS.

Was? Feir' ich denn nicht just ihr Namensfest

Und sage, wie das Kindlein heißen soll?

POET *singt.*

Aber geschwind eilen die Kunden der Musen,

Gleich wie ein Renner blitzend dahinfährt!

Du nun, »o Vater, Gründer von Aitna,

Hieron, Name voll heiligen Klangs,

O ich bitte dich, gib,

Was du gnädig mir willst

Mit dem Haupte zunicken, o gib, gib, gib!«

PISTHETAIROS.

Der Kerl inkommodiert uns nur! Am besten,

Man gibt ihm was, so werden wir ihn los.

Zu einem Sklaven.

He du, du hast ja Rock und Lederwams,

Zieh's aus und gib's dem genialen Dichter!

Zum Poeten.

Da, frostiger Geselle, nimm das Wams!

POET *es anziehend.*

Ungern nicht empfäht das Geschenk,

Freundlich und hold die Muse;

Aber vernimm und beherzige jetzt

Dieses pindarische Lied!

PISTHETAIROS.

Ich sehe schon, der geht noch nicht vom Platz!

POET.

Unter nomadischem Skythenvolk

Irrt Straton umher,

Der ein wollegewoben Gewand nicht sein nennt!

Ruhmlos geht ohn' Weste das Wams –

Aber du wirst mich verstehn!

PISTHETAIROS.

Versteh! Du willst 'ne Unterweste –

Zum Sklaven.

zieh

Sie aus! Die Künstler muß man unterstützen!

Zum Poeten.

Da nimm und geh jetzt!

POET.

Ja, ich geh' von hinnen!

Und komm' ich in die Stadt, dann sing' ich freudig:

Preis', o König auf goldenem Thron,

Preise die fröstelnde, schnatternde!

Zu dem schneeumwehten, besäten Gefild

Schwang ich mich auf: Trala!

PISTHETAIROS.

Ei nun, der Schwank beschützt dich doch vorm Schnattern,
Indem du hier zu Wams und Weste kamst!

Poet ab.
Zum Sklaven.

Schwing' wieder den Weihkessel jetzt im Kreis!
Andächt'ge Stille!
EIN WAHRSAGER *rennt herein.*
Opfre nicht den Bock!
PISTHETAIROS.
Wer bist du?
WAHRSAGER.
Ich? Ein Seher.
PISTHETAIROS *drohend.*
Sieh *dich* vor!
WAHRSAGER.
Tollkühner, spaße nicht mit Göttlichem! –
Hört einen Spruch von Bakis, der bezieht
Sich grad auf Wolkenkuckucksburg! –
PISTHETAIROS.
Warum
Hast du ihn nicht, eh' ich die Stadt gebaut,
Verkündigt?
WAHRSAGER.
Weil der Gott es mir verbot!
PISTHETAIROS.
Nun, ist es uns vergönnt, den Spruch zu hören?
WAHRSAGER *zieht eine Rolle hervor und liest.*
»Aber wenn Wölfe dereinst und schwärzliche Krähen zusammen
Wohnen inmitten des Raums, der Sikyon trennt von Korinthos –«

PISTHETAIROS.

Was gehn mich hier denn die Korinther an?

WAHRSAGER.

Der Luftraum ist's, den Bakis angedeutet!

Liest weiter.

»Opfre zuerst der Pandora den schneeweißwolligen Widder,

Aber dem ersten sodann, der dir mein Orakel verkündet,

Schenke dem Seher ein schmuckes Gewand und neue Sandalen –«

PISTHETAIROS.

Stehn die Sandalen drin?

WAHRSAGER.

Da sieh ins Buch!

»Reiche den Becher ihm dar und fülle mit Fleisch ihm die Hände
    –«

PISTHETAIROS.

Steht auch vom Fleisch was drin?

WAHRSAGER.

Da sieh ins Buch!

Liest.

»Tust du nach meinem Gebot und folgst mir, o göttlicher
    Jüngling,

Wirst du ein Aar in den Wolken! Doch wenn du die Gabe
    verweigerst,

Wirst du nicht Fink und nicht Spatz, nicht Adler, noch Falke,
    noch Grünspecht!«

PISTHETAIROS.

Das alles steht darin?

WAHRSAGER.

Da sieh ins Buch!

PISTHETAIROS.

Seltsam! Ganz anders lautet das Orakel,

Das ich bei Phoibos selbst mir aufgeschrieben.

Liest von seinem Stock ab.

»Aber wenn frech ein Gauner, ein ungebetner Schmarotzer,

Opfernde stört und begehrt von dem Opfer das Herz und die
Leber,

Klopfe den Raum ihm durch, der die Schulter trennt von der
Schulter!«

WAHRSAGER.

Ein schaler Spaß von *dir!*

PISTHETAIROS.

Da sieh ins Buch!

Liest.

»Schone des Lästigen nicht, noch des Adlers in Wolken, und
wär's auch

Lampon oder sogar der große Prophet Diopeithes!«

WAHRSAGER.

Steht alles das darin?

PISTHETAIROS.

Da sieh ins Buch –

Und geh zum Henker!

Prügelt ihn.

WAHRSAGER.

Ich geschlagner Mann!

Ab.

PISTHETAIROS.

Nun lauf woanders hin und prophezeie!

Meton tritt auf mit geometrischen Instrumenten.

METON.

Ich such' euch heim –

PISTHETAIROS.

Schon wieder so ein Unhold?

Was willst du hier? Was brütet dein Gehirn?

Was führt dich im Kothurnschritt her zu uns?

METON.

Vermessen will ich euch das luft'ge Land

Und juchartweis' verteilen –

PISTHETAIROS.

Alle Wetter!

Wer bist du?

METON.

Wer ich bin? Ich? – Meton, den

Ganz Hellas und Kolonos kennt!

PISTHETAIROS.

Sag an,

Was hast du da?

METON.

Das Meßzeug für die Luft!

Denn schau: die Luft ist an Gestalt durchaus

Backofenähnlich. – Nehmen wir das Reißzeug

Und setzen hier den krummgebognen Fuß

Des Zirkels ein – verstehst du?

PISTHETAIROS.

Nicht ein Wort!

METON.

Nun leg' ich an das Lineal und bild'

Ein Viereck aus dem Kreis – hier in die Mitte

Da kommt der Markt, und alle Straßen führen

Schnurgrad zum Mittelpunkt und gehn wie Strahlen

Von ihm, als kugelrundem Stern, gradaus

Nach allen Winden –

PISTHETAIROS.

Hört! Ein zweiter Thales! –

Meton!

METON.

Was gibt's?

PISTHETAIROS.

Ich mein' es gut mit dir:

Drum folge mir und mach dich aus dem Staub!

METON.

Ist hier Gefahr?

PISTHETAIROS.

Man treibt hier, wie in Sparta,

Die Fremden aus! Schon mancher ward beseitigt,

Und Prügel regnet's in der Stadt! –

METON.

Ein Putsch?

Rebellion?

PISTHETAIROS.

Nicht doch!

METON.

Was denn?

PISTHETAIROS.

Einmütig

Beschlossen ist's – Windbeutel auszustäupen!

METON.

So muß ich mich zurückziehn?

PISTHETAIROS.

Leider ist's

Vielleicht zu spät!

Schlägt ihn.

Schon pfeift dir's um die Ohren!

METON.

Ach Gott, ach Gott!

Zieht ab.

PISTHETAIROS.

Hab' ich dir's nicht gesagt?

Vermiß du jetzt woanders, du Vermeßner!

Ein Kommissär tritt auf.

KOMMISSÄR.

Wo ist der Resident –?

PISTHETAIROS.

Wer ist denn dieser

Sardanapal?

KOMMISSÄR.

Der Kommissär, gewählt

Für Wolkenkuckucksburg.

PISTHETAIROS.

Der Kommissär?

Wer schickt dich her?

KOMMISSÄR.

Der Wisch da, ausgefertigt

Von Teleas –

PISTHETAIROS.

Ei, willst du nicht den Sold

Einstreichen gleich, die Zeit und Mühe sparen,

Und gehn?

KOMMISSÄR.

Nun ja! Zur Volksversammlung sollt'

Ich ohnehin, für Pharnakes zu wirken!

PISTHETAIROS *prügelt ihn.*

So packe dich, da hast du deinen Sold!

KOMMISSÄR.

Was soll das?

PISTHETAIROS.

Wirken soll's für Pharnakes!

KOMMISSÄR *zum Chor.*

Man schlägt den Kommissär, ihr seid mir Zeugen!

PISTHETAIROS.

Willst du dich schieben, du mit deinen Urnen?

Kommissär ab.

Ist's nicht empörend? Kommissäre schicken

Sie in die Stadt, noch eh' sie eingeweiht?

Ein Ausrufer tritt auf und liest aus einer Rolle.

AUSRUFER.

»Und so ein Wolkenkuckucksburger einen

Athener injuriiert –«

PISTHETAIROS.

Was ist das? Wieder so ein Schelmenbuch?

AUSRUFER.

Gesetze hab' ich feil, die allerneusten

Euch anzubieten kam ich her.

PISTHETAIROS.

Zum Beispiel?

AUSRUFER.

»In Wolkenkuckucksburg soll gelten gleiches

Maß und Gewicht und Recht

Wie zu Heulenburg!«

PISTHETAIROS *droht ihm mit dem Stock.*

Du kriegst dein Maß nach Beulenburgschem Recht!

AUSRUFER.

Mir dieses?

PISTHETAIROS.

Pack dich fort mit den Gesetzen,
Sonst lehr' ich dich ein bitterböses kennen!

Prügelt ihn.
Der Kommissär kommt zurück mit einem Zeugen.

KOMMISSÄR.

Den Pisthetairos lad' ich wegen Realinjurien
Vor auf den Monat Munichion!

PISTHETAIROS.

Du? Alle Wetter! Bist du auch noch da?

Prügelt ihn.

AUSRUFER.

»So aber jemand Staatspersonen nicht respektiert
Und fortjagt, der, laut Anschlag an die Säule –«

PISTHETAIROS.

Das ist zum Bersten! So, auch du noch da?

Ausrufer flieht.

KOMMISSÄR.

Wart nur! Zehntausend Drachmen sollst du mir –

PISTHETAIROS.

Ich reiß' dir dein Dekret in tausend Fetzen!

KOMMISSÄR.

Denkst du daran, wie nachts du an die Säule – –

PISTHETAIROS.

Haha! Nun packt ihn! Willst du halten, Schurke?

Kommissär ab.

Nun laßt uns aber unverzüglich gehn
Und drin im Haus den Bock den Göttern opfern!

Ab.

ERSTER HALBCHOR.
　　Opfer und Gelübde weih'n
　　Nun dem Allsehendallgewalt'gen,
　　Mir fortan die Sterblichen!
　　Denn den Erdball überschau' ich
　　Und beschirme Blüt' und Frucht;
　　Ungeziefer aller Art
　　Rott' ich aus, das jeden Keim,
　　Wie er aufschießt aus dem Grund, mit gefräß'gem Zahn benagt,
　　Auf den Bäumen sitzt und frißt, bis sie abgeleert und kahl;
　　Alles töt' ich, was die grünen
　　Gärten schändet, arg verwüstet;
　　Alles Gewürm, was kreucht und schleicht,
　　Ist des Tods, soweit der Schwung
　　Meiner Fittiche mich trägt!
CHORFÜHRER *an die Zuschauer.*
　　Eben heut wird durch den Herold öffentlich bekanntgemacht:
　　»Wer Diagoras, den Melier, totschlägt, der bekommt dafür
　　Ein Talent; und wer der toten Volkstyrannen einen noch
　　Toter schlagen wird, auch dieser soll bekommen ein Talent!«
　　Wir nun unsrerseits, wir machen öffentlich bekannt, wie folgt:
　　»Wer Philokrates, den Finkler, totschlägt, der erhält zum Lohn
　　Ein Talent, und wer anhero ihn lebendig liefert: vier;
　　Weil er Finken faßt an Schnüre und für einen Obolos
　　Sieben gibt, und Drosseln scheußlich aufbläst und zu Markte
　　　　bringt,
　　Und den Amseln ihre Flügel in die Nasenlöcher steckt;
　　Item, weil er freie Tauben fängt und in Verschläge sperrt

Und sie, selbst gebunden, andre in das Garn zu locken zwingt!

Solches tun wir euch zu wissen! Wer Geflügel hält im Hof

Eingeschlossen, fliegen lassen soll er's! So gebieten wir!

Und gehorcht ihr nicht, dann fangen *wir,* die Vögel, euch: auch ihr

Sollt alsdann bei uns gebunden Menschen locken in das Garn!«

ZWEITER HALBCHOR.

Flaumbedecktes Vogelvolk,

Glücksel'ges, das im Winter nicht

Mäntel umzuwerfen braucht;

Und es sengt uns nicht des Sommers

Alldurchleuchtend heißer Strahl!

Auf den Blumenmatten wohn' ich,

In der Blätter grünem Schoß,

Während auf dem Feld ihr Lied die Zikade, gotterfüllt,

In der Mittagsschwüle Glut, sonnetrunken, schrillend zirpt.

Winters wohn' ich dann in Grotten,

Spiele mit des Waldes Nymphen,

Aber im Frühling naschen jungfräuliche,

Weiße Myrtenbeeren wir

In den Gärten der Grazien!

CHORFÜHRER *an die Zuschauer.*

Noch ein Wort, des Preises wegen, an die Richter richten wir:

Krönt ihr uns, jedwedem schenken wir des Guten Fülle dann;

Zehnmal schönre Gaben werden euch, als Paris einst empfing:

Niemals soll es – was bekanntlich Richtern über alles geht-

Niemals euch an lauriotschen Eulen fehlen: ja, sie baun

Dann ihr Nest bei euch und hecken, legen in den Beutel euch

Eier, und als Küchlein schlüpfen lauter junge Dreier aus.

Ferner sollt ihr, wie in Tempeln, wohnen: denn wir setzen euch

Auf den Giebel eurer Häuser einen Adler obenauf.

Fällt durchs Los euch zu ein Ämtchen, und ihr sacktet gern was
     ein,
Spielen wir euch an die Hände eines Habichts flinke Klau'n.
Eßt ihr wo zu Gaste, geben wir euch Vogelkröpfe mit. –
Aber wollt ihr uns nicht krönen, setzt dann nur Blechhauben
     auf,
Den Statuen gleich, und jeder unter euch, der keine trägt,
Wird gerad, wenn er im weißen Mantel prangt, wie er's verdient,
Vom gesamten Volk der Vögel überschissen um und um!

Dritte Szene

*Der Chor. Pisthetairos. Dann: Boten. Iris. Ein Herold. Ein
ungeratener Sohn. Kinesias. Ein Sykophant.*

PISTHETAIROS.

  Das Opfer lief noch günstig ab, ihr Vögel! –

  Warum vom Mauerbau kein Bote noch

  Uns Meldung bringt, wie's droben steht? – Doch sieh,

  Da kommt ja mit Alpheioshast schon einer!

Ein Vogel tritt auf als Bote.

BOTE *keuchend.*

  Wo, wo, wo ist, wo ist er wohl, wo ist

  Der Archon Pisthetairos?

PISTHETAIROS.

  Hier bin ich!

BOTE.

  Die Mauer ist gebaut!

PISTHETAIROS.

  Willkommne Botschaft!

BOTE.

  Ein Wunderwerk von kolossaler Pracht,

  So breit, daß drauf Proxenides aus Prahlheim

  Und Held Theagenes mit zwei Karossen

  Und Rossen, wie das troische, bequem

  Vorüber aneinander jagen –

PISTHETAIROS.

  Oh!

BOTE.

  Die Höh' – »ich hab' sie selber ausgemessen« –

  Ist hundert Klafter!

PISTHETAIROS.

Hoch, erstaunlich hoch!

Wer hat denn dieses Riesenwerk erbaut?

BOTE.

Die Vögel! – Kein ägypt'scher Ziegler half,

Kein Zimmermann, kein Steinmetz! – Sie allein

Mit eigner Hand vollbrachten's! Staunend sah ich's:

Es kamen dreißigtausend Kraniche

Aus Libyen, mit Grundsteinen in den Kröpfen,

Die von den Schnärzen dann behauen wurden;

Backsteine lieferten zehntausend Störche,

Und Wasser trugen in die Luft hinauf

Die Taucher und die andern Wasservögel.

PISTHETAIROS.

Wer trug den Lehm denn ihnen zu?

BOTE.

Die Reiher,

In Kübeln –

PISTHETAIROS.

Und wie füllten sie sie denn?

BOTE.

Gar sinnreich, Bester, stellten sie das an!

Die Gänse patschten, mit den Füßen schaufelnd,

Drin 'rum und schlenkerten ihn in den Kübel.

PISTHETAIROS.

»Was alles doch die Füße nicht vermögen!«

BOTE.

Ja selbst die Enten schleppten, hochgegürtet,

Backstein'; und hintendrein, mit Kellen oben

Am Rücken, wie Lehrbuben, und die Schnäbel

Voll Lehm – so kamen Schwalben angeflogen.

PISTHETAIROS.

Wer wird jetzt noch zum Bau'n Taglöhner dingen? –
Doch sagt, wer hat die Zimmerarbeit denn
Gemacht?

BOTE.

Die Zimmerleute waren Vögel,
Geschickte Tannenpicker: die behackten
Das Holz zu Flügeltüren, und das pickte
Und sägt' und hämmerte, wie auf der Schiffswerft.
Und nun ist alles wohlverwahrt mit Toren,
Mit Schloß und Riegel, und rundum bewacht:
Patrouillen ziehn herum, die Glocke schellt,
Wachtposten überall, und Feuerzeichen
Auf allen Türmen! – Doch nun muß ich gehn,
Mich abzuwaschen! Sorge du jetzt weiter!

Ab.

CHORFÜHRER *zu Pisthetairos.*

Du, nun, was ist dir? Staunst du, daß die Mauer
Mit solcher Schnelligkeit zustande kam?

PISTHETAIROS.

Bei allen Göttern, ja, es ist zum Staunen!
Es sieht in Wahrheit aus wie eine Lüge!
Doch sieh, da stürzt ein Wächter von der Höh'
Grad auf uns zu, mit Waffentänzerblicken!

Zweiter Bote tritt auf.

BOTE.

O weh, o weh, o weh, o weh, o weh!

PISTHETAIROS.

Was gibt's?

74

BOTE.

Entsetzliches ist vorgefallen!
Der Götter einer, von dem Hof des Zeus,
Flog eben durch das Stadttor, unbemerkt
Von unsrer Dohlenwacht, hier in die Luft!

PISTHETAIROS.

Abscheulicher, verruchter Frevel! Ha,
Wer ist der Gott?

BOTE.

Wir wissen nichts, als nur:
Er hatte Flügel!

PISTHETAIROS.

Und ihr verfolgtet ihn
Nicht gleich mit Grenzbereitern?

BOTE.

Doch! Wir schickten
Gleich dreißigtausend Falken, reisige Jäger,
Ihm nach: was Krallen hat, ist ausgerückt,
Turmeule, Bussard, Geier, Weih und Adler;
Vom Flügelschwirren, Kreischen, Rauschen dröhnt
Die Luft, sie alle fahnden nach dem Gott.
Fern ist er nicht, er steckt wohl hier herum
Schon irgendwo!

Ab.

PISTHETAIROS.

Zur Schleuder greift, zum Bogen!
Es wappne sich die ganze Dienerschaft!
Hierher! Legt an! Mir eine Schleuder! Schießt!

Getümmel.

CHOR.

    Krieg! Zu den Waffen! Krieg,

    Unerhört blutiger,

    Wider die Götter! Auf,

    Schließet mit Wachen ein

    Rund den umwölkten Raum,

    Erebos' Kind, die Luft,

    Daß nicht der Gott uns hier

    Durchschlüpft im Luftrevier!

CHORFÜHRER.

    Schaut all' euch um und paßt wohl auf! »Er schwebt

    Schon in der Näh' herum, der Gott! Zu hören

    Ist schon das Rauschen seines Flügelschlags!«

Iris fliegt herab.

PISTHETAIROS.

    He, Jüngferchen, wo fliegst du hin? Nur sacht!

    Halt stille! Rühr dich nicht! Ich sag' dir: Halt!

    Wer bist du, he? Woher? Wo kommst du her?

IRIS.

    Ich komme von den Göttern des Olymps.

PISTHETAIROS.

    Wie nennst du dich denn? Schlapphut oder Boot?

IRIS.

    Iris, die schnelle Botin!

PISTHETAIROS.

    So? Ein Boot?

    Salaminia oder Paralos?

IRIS.

    Was meinst du?

PISTHETAIROS.

    Geht denn kein Stößer auf sie los?

IRIS.

Auf mich?

Was soll das geben?

PISTHETAIROS.

Dir den Jungfernstoß!

IRIS.

Bist du verrückt?

PISTHETAIROS.

Zu welchem Tor der Festung

Bist du hereingekommen, freche Dirne?

IRIS.

Durch welches Tor? Bei Zeus, das weiß ich nicht!

PISTHETAIROS *zum Chor.*

Hört, wie sie schnippisch tut!

Zu Iris.

Du warst doch auf

Der Dohlenhauptwacht? He? Du ließ'st den Paß

Dir auf der Storchenpolizei visieren?

Nicht?

IRIS.

Unsinn!

PISTHETAIROS.

Nicht?

IRIS.

Bist du bei Trost?

PISTHETAIROS.

So gab

Kein Vogeloffizier dir eine Marke?

IRIS.

Du Narr, wer wird mir was gegeben haben!

PISTHETAIROS.

So, so! Du fliegst da nur so mir nichts dir nichts
Durch fremdes Stadtgebiet, durch unsre Luft?

IRIS.

Wo durch denn sollen sonst die Götter fliegen?

PISTHETAIROS.

Das weiß ich nicht, bei Zeus! Nur hier durch nicht!

IRIS.

Du frevelst!

PISTHETAIROS.

Weißt du, daß nach dem, was du
Getan, von sämtlichen Irissen keiner
Mehr recht geschäh' als dir, wenn wir dich henkten?

IRIS.

Ich bin unsterblich!

PISTHETAIROS.

Sterben müßtest du
Trotzdem! Das wär' ja gar zu toll, wenn wir,
Die Herrn der Welt, euch Götter machen ließen,
Was euch gelüstet! Merkt's einmal: die Reih'
Ist nun an euch, dem Stärkern zu gehorchen! –
Inzwischen sag, wo steuerst du jetzt hin?

IRIS.

Ich? Zu den Menschen schickt mich Vater Zeus!
Ich soll sie mahnen, den olymp'schen Göttern
Zu opfern Schaf' und Ochsen, und die Straßen
Mit Fettdampf anzufüllen –

PISTHETAIROS.

Welchen Göttern?

IRIS.

Wem? Uns, den Göttern, die im Himmel thronen!

PISTHETAIROS.

Ihr – Götter?

IRIS.

Welche Götter gibt's denn sonst?

PISTHETAIROS.

Die Vögel sind jetzt Götter! Ihnen müssen

Die Menschen opfern, nicht, bei Zeus! dem Zeus.

IRIS.

»Tor, frevler Tor«, erwecke nicht den Grimm

Der Götter, daß nicht »Dike dein Geschlecht

Ausreute mit dem Rachekarst des Zeus«

Und mit »likymnischen Glutblitzen dich

Und deines Hauses Zinnen niederäschre!«

PISTHETAIROS.

Du, hör jetzt auf, den Schwall mir vorzusprudeln!

Glaubst du, du hast 'nen Lyder oder Phryger

Vor dir, den solcher Kinderpopanz schreckt?

Ich sag' dir: wenn mich Zeus noch weiter ärgert,

Werd' ich sein Marmorhaus, »Amphions Hallen«,

»Durch blitzumkrallende Adler niederäschern!«

Porphyrionen schick' ich in den Himmel

Nach ihm, beschwingte, pardelfellumhüllte,

Mehr als sechshundert: hat ihm doch ein einz'ger

Porphyrion schon heiß genug gemacht!

Dich, Zofe, krieg' ich, wenn du mich noch reizt,

Zuerst am Bein, und bohre durch und durch

Die Iris, daß sie staunen soll, wie rüstig

Ich alter Knab' noch Stoß auf Stoß versetze!

IRIS.

Erstick an deinen Worten, Niederträcht'ger!

PISTHETAIROS.

Hinaus mit dir! Husch, husch! Hinaus zum Tempel!

IRIS *fortfliegend.*

Mein Vater wird die Frechheit dir vertreiben!

PISTHETAIROS.

O weh, ich zittre! – Geh wo anders hin

Und schreck' und »äschre« jüngre Leute nieder!

CHOR.

Ja, wir verkünden euch

Göttern von Zeus' Geblüt:

Daß ihr durch unsre Stadt

Nie zu passieren wagt!

Keiner der Sterblichen

Sende vom Opferherd

Ihnen durch unser Reich

Weihrauch und Bratenduft!

PISTHETAIROS.

Seltsam! Der Herold, den wir an die Menschen

Gesandt, er ist noch immer nicht zurück!

Ein Vogel tritt auf als Herold.

HEROLD.

O Pisthetairos, o du Glücklichster,

Du Klügster, Weisester, Gepriesenster,

Geruh', o dreimal Sel'ger –

PISTHETAIROS.

Nun, heraus!

HEROLD.

Dich schmücken, deine Weisheit tief anbetend,

Mit diesem goldnen Kranz des Erdballs Völker.

Überreicht ihn.

PISTHETAIROS.

Schön Dank! Allein wie komm' ich zu der Ehre?

HEROLD.

    Der weltberühmten Luftstadt hoher Gründer!
    So weißt du nicht, wie dir die Menschen huld'gen,
    Wieviel Verehrer du im Lande hast?
    Eh' du die neue Stadt gebaut, war alles
    Lakonomane, ging mit langem Haar,
    War schmutzig, hungerte, trug Knotenstöcke,
    Sokratisierte: jetzt dagegen gibt's
    Ornithomanen nur, und alles äfft
    Mit wahrer Herzenslust die Vögel nach:
    Gleich morgens fliegen aus dem Federbett
    Sie aus wie wir zu ihrem Leib-Gericht,
    Dann lassen auf Buchblättern sie sich nieder
    Und weiden sich an fetten – Volksbeschlüssen.
    So umgevogelt sind sie ganz und gar,
    Daß viele jetzt schon Vögelnamen tragen:
    Rebhuhn, zum Beispiel, heißt der hinkende
    Weinschenk; Menippos: Schwalbe; Rabe heißt
    Opuntios, der Einäugige; Fuchsente
    Theagenes; Schopflerche heißt Philokles;
    Lykurgos: Ibis; Syrakosios
    Heißt: Elster; Chairephon: die Fledermaus,
    Und Meidias dort

        Nach den Zuschauerbänken deutend.

    die Wachtel: denn er gleicht
    Ihr ganz, wenn sie im Spiel Kopfnüsse kriegt.
    Auch ihre Lieder all' sind vogeltümlich,
    Und Schwalben sind in allen angebracht,
    Kriekenten, Gänschen, Turteltäubchen, immer
    Geflügel oder doch ein wenig Federn.
    So steht es dort! – Nur dieses noch: Es kommen

Mehr als zehntausend gleich dort unten 'rauf,
Die wollen modische Klau'n und Flügel: schafft
Drum Federn an für all die Kolonisten!
PISTHETAIROS.
Potz Zeus, da dürfen wir nicht müßig stehn!

Zum Herold.

Du, lauf hinein und fülle Körb' und Kübel
Und Fässer an mit Federn!

Herold ab.
Zu einem Sklaven.

Manes, du
Spedierst sodann die Flügel hier vors Haus!
Und ich empfange hier die werten Gäste!
ERSTER HALBCHOR.
Bald wird als »männerreich« die Stadt
Gepriesen sein auf Erden!
PISTHETAIROS *nimmt dem Sklaven einen Korb voll Federn ab.*
Glück zu! Es mag gelingen!
ERSTER HALBCHOR.
Sie schwärmen ja förmlich für unsre Stadt!
PISTHETAIROS *zu den Sklaven.*
Wie langsam! Macht doch schneller!
ERSTER HALBCHOR.
Denn was könnten hier Fremde,
Einwandrer vermissen,
Wo die Weisheit, die Liebe, ambrosische Lust
Und behagliche Ruhe mit heitrem Gesicht
Uns stets entgegenlächelt?
PISTHETAIROS *zu dem Sklaven.*
Wie träg' du bist, wie lendenlahm!

Willst du dich rühren, Schlingel?

ZWEITER HALBCHOR.

So mach dem Kerl nur Füße

Mit der Peitsche! Hurtig!

Er schlendert so lahm wie ein Esel daher!

PISTHETAIROS.

Faul ist und bleibt der Manes!

ZWEITER HALBCHOR.

Nun sortiere die Federn

Und leg sie in Ordnung,

Die prophetischen hier, die melodischen da,

Und die schwimmenden dort! Psychologischen Blicks

Verteilst du dann die Federn!

PISTHETAIROS *zu den Sklaven.*

Beim Schuhu! Länger seh' ich's nicht mit an:

Die Peitsche schwingend.

Ich helf' euch auf die Beine, faules Pack!

Ein ungeratener Sohn tritt auf und singt.

UNGERATENER SOHN.

»O wär' ich ein Adler in Lüften hoch

Und trügen mich über das wüste Gefild

Des blauen Meeres die Schwingen!«

PISTHETAIROS.

Ich seh', der Herold war kein Lügenbold!

Da kommt schon einer, der von Adlern singt.

UNGERATENER SOHN.

Nichts Süßres auf der Welt als Fliegen – herrlich

Ist doch die Vögelkonstitution!

Ich bin ganz vogeltoll, ich flieg', ich brenne

Bei euch zu sein, nach eurem Brauch zu leben!

PISTHETAIROS.

Nach welchem? Unsrer Bräuche sind gar viel!

UNGERATENER SOHN.

Nach allen, doch vor allen lob' ich mir

Den, daß man seinen Vater schlägt und beißt.

PISTHETAIROS.

Nun ja, wir halten's für Bravour an Jungen,

Wenn sie nach ihren Vätern hau'n und kratzen!

UNGERATENER SOHN.

Drum möcht' ich, naturalisiert bei euch,

Erwürgen meinen Vater und beerben.

PISTHETAIROS.

Gut! Doch wir Vögel haben ein Gesetz,

Uralt, im Storchenkodex aufbewahrt:

»Wenn seine Jungen, bis sie flügge sind,

Ein Storchenvater nährt und pflegt, dann sollen

Dafür die Jungen ihren Vater pflegen!«

UNGERATENER SOHN.

Das lohnt sich schon der Müh' hierherzukommen,

Wenn ich den Vater auch noch füttern soll!

PISTHETAIROS.

Nu, nu! – Weil du doch guten Willen zeigst,

Will ich als Waisenvogel dich befiedern.

»'Nen guten Rat«, mein Junge, »geb' ich dir

Darein, den ich als Knabe mir gemerkt«!

Schlag deinen Vater nicht! Da nimm den Flügel

Und hier den Hahnensporn, und diesen Busch

Nimm für 'nen Hahnenkamm,

Gibt ihm Schild, Schwert und Helm.

und zieh ins Feld,

Steh Wache, schlag dich durch mit deiner Löhnung,

Laß deinen Vater leben! – Willst du kämpfen,
Flieg hin nach Thrakien und kämpfe dort!
UNGERATENER SOHN.

Beim Dionysos! nicht der schlimmste Rat!
Ich folge dir!

Ab.

PISTHETAIROS.

Das wird das klügste sein!

Kinesias tritt auf und singt.

KINESIAS.

»Auf zum Olymp feurigen Schwungs
Flieg' ich mit flüchtigem Fittich!«
Vagabundisch flieg' auf den Bahnen des Lieds
Kühn ich herum –
PISTHETAIROS.

Das Wesen braucht allein 'ne Ladung Federn!
KINESIAS.

Und dem Neuesten stets
Huldig' ich, stark so am Geist *wie* am Leib!
PISTHETAIROS.

Du da, Kinesias, Mann von Lindenholz!
Was schwebelt hier dein Säbelbein herum?
KINESIAS.

In ein Vöglein wär' ich, die Nachtigall,
Die melodische, gerne verwandelt!
PISTHETAIROS.

Nun laß das Trillern! Sprich in schlichten Worten!
KINESIAS.

Von dir beflügelt möcht' ich hoch mich schwingen
Und aus den Wolken mir schneeflockenduft'ge,

Windsbrautumsauste Dithyramben holen!
PISTHETAIROS.

Wer wird sich aus den Wolken Lieder holen?
KINESIAS.

An diese knüpft sich unsre ganze Kunst!
Ein Dithyramb, ein glänzender, muß luftig,
Recht dunkel, nebelhaft und nachtblau sein,
Und sturmbefitticht – etwa so – vernimm!
PISTHETAIROS.

Bedanke mich!
KINESIAS.

Nein, beim Herakles, nein!
Die ganze Luft durchflieg' ich gleich mit dir:

Singt.

Die Gebilde der luftdurchsteuernden,
Halsausreckenden Vögel –
PISTHETAIROS.

O hop, halt ein!
KINESIAS.

Wohl über die Wogen, wie Windeswehen,
Die wallenden, wünsch' ich zu wandeln –
PISTHETAIROS.

Wart, Wicht, den Winden weisen wir den Weg!

Packt ihn und dreht ihn rechts und links herum.

KINESIAS *singt dazu.*

Bald gegen den Süd hinsteuernd und bald
In des Boreas Kühle die Glieder getaucht,
Hafenlos luftige Furchen durchschneidend –

Sprechend.

Sehr artig, Alter, muß gestehn, recht fein!

PISTHETAIROS *reißt ihn herum.*

So sturmbefitticht – bist du nicht zufrieden?

KINESIAS.

Das beutst du mir, dem Dithyrambenmeister,

Um den die Stämme jedes Jahr sich reißen?

PISTHETAIROS.

Hör, willst du, hagrer Leotrophides,

Hier bleiben und 'nen Vogelchor einüben

Für den Kerkopenstamm?

KINESIAS.

Du spottest mein!

Ich aber sag' dir: ruhen werd' ich nicht,

Bis ich beflügelt durch die Lüfte schwebe.

Ab.
Ein Sykophant tritt auf.

SYKOPHANT.

»Was für Vögel sind denn das, von Gefieder bunt«,

Doch im übrigen bettelarm?

Sprich, »du flügelausreckende, bunte Schwalbe!«

PISTHETAIROS.

Nun kommt die schwere Not uns auf den Hals!

Da gluckst und überläuft uns wieder einer.

SYKOPHANT.

Noch einmal: »flügelausreckende, bunte« –

PISTHETAIROS.

Der, scheint es, spielt auf seinen Mantel an:

Der braucht wohl mehr als einer Schwalbe Flaum.

SYKOPHANT.

Wer sorgt hier für Befiederung der Fremden?

PISTHETAIROS.

Der Mann bin ich! Was steht zu Dienst? Sag an!

SYKOPHANT.

Ei, Flügel, Flügel! Was bedarf's der Frage?

PISTHETAIROS.

Du denkst wohl nach Pellene hinzufliegen?

SYKOPHANT.

O nein, ich bin Gerichtsbot' auf den Inseln

Herum und –

PISTHETAIROS.

Sykophant? – Ein schönes Amt!

SYKOPHANT.

Prozeßaufspürer! Um von Stadt zu Stadt

Zitierend mich zu schwingen, brauch' ich Flügel.

PISTHETAIROS.

Geht das Zitieren denn mit Flügeln besser?

SYKOPHANT.

O nein, es ist nur der Piraten wegen!

Und heim dann kehr' ich mit den Kranichen,

Statt mit Ballast den Kropf gefüllt mit – Klagen!

PISTHETAIROS.

Das ist dein Handwerk also! Noch so jung

Und schon Spion und Sykophant auf Reisen?

SYKOPHANT.

Was soll ich machen? Graben kann ich nicht –

PISTHETAIROS.

Es gibt, bei Gott, doch ehrliche Gewerbe,

Von denen sich ein Mensch in deinem Alter

Ernähren sollt', und nicht vom Händelstiften!

SYKOPHANT.

Salbader! Flügel brauch' ich, nicht Moral!

PISTHETAIROS.

Mit meinem Wort beflügl' ich dich!

SYKOPHANT.

Wie soll

Mich das beflügeln?

PISTHETAIROS.

Ei, durch Worte macht

Man jedem Flügel!

SYKOPHANT.

So?

PISTHETAIROS.

Und hast du nie

Gehört, wie Väter in den Baderstuben

Vor jungen Leuten manchmal also sprachen:

›Mein Jung' hat Schwung, Diitrephes beflügelt

Ihn durch sein Wort – zum Reiten und zum Fahren!‹

Ein andrer meint: der seine habe Schwung

Fürs Trauerspiel, hochfliegend sei sein Geist –

SYKOPHANT.

So könnten Worte Flügel geben?

PISTHETAIROS.

Freilich!

Durch Worte schwingt der Genius sich auf,

Der Mensch erhebt sich! – Und so will auch ich

Mit wohlgemeinten Worten dich beflügeln

Zur Ehrlichkeit –

SYKOPHANT.

Das willst du? – *Ich* will nicht!

PISTHETAIROS.

Was willst du denn?

SYKOPHANT.

Nicht schänden mein Geschlecht!

Ererbt hab' ich das Sykophantenhandwerk:
Drum gib mir schnelle, leichte Fittiche,
Vom Habicht oder Falken, daß die Fremden
Ich herzitieren, hier verklagen kann
Und dann ausfliegen abermals –
PISTHETAIROS.

Verstehe!
Du meinst: gerichtet soll der Fremde sein,
Noch eh' er hier ist?
SYKOPHANT.

Völlig meine Meinung!
PISTHETAIROS.

Er schifft hierher, indes du dorthin fliegst,
Um sein Vermögen wegzukapern?
SYKOPHANT.

Wohl!
Flink wie ein Kreisel muß das gehn!
PISTHETAIROS.

Verstehe!
Ganz wie ein Kreisel! – Ei, da hab' ich eben
Scharmante Flügel von Kerkyra – schau!

Zeigt ihm die Peitsche.

SYKOPHANT.

Au weh, die Knute!
PISTHETAIROS.

Schwingen sind's, mit denen
Du mir hinschwirren sollst ›flink wie ein Kreisel!‹

Peitscht ihn durch.

SYKOPHANT.

Au, au!

90

PISTHETAIROS.

So fliege doch, Halunke, fliege!
Erzgauner, tummle dich, frischauf! – Ich will
Die Rechtsverdreherpraxis dir versalzen!

Sykophant ab.
Zu den Sklaven.

Nun packt die Federn ein! Wir wollen gehn!

Ab.

ERSTER HALBCHOR.

Viel des Neuen, Wunderbaren
Haben wir auf unserm Flug
Schon gesehn! Vernehmt und staunet:
Aufgeschossen, fern von Kardia,
Ist ein seltsam fremder Baum,
Und der heißt: Kleonymos –
Ist im Grund zu nichts zu brauchen,
Aber stämmig sonst und groß;
Sykophantenfrüchte trägt er
Stets im Frühling, goldumlaubte, –
Aber nackt im Wintersturme
Steht er da, schildblätterlos!

ZWEITER HALBCHOR.

In der ampellosen Wüste,
Der ägypt'schen Finsternis
Nah gelegen ist ein Land;
Allda schmausen und verkehren
Menschen mit Heroen immer
Früh, doch spät am Abend nicht!
Denn geheuer ist es nicht,
Ihnen zu begegnen nachts:

Würd' ein Sterblicher dem Heros
Da begegnen, dem Orestes, –
Schwer vom Schlag getroffen würd' er,
Ausgezogen bis aufs Hemd!

Vierte Szene

Chor. Prometheus. Pisthetairos.

PROMETHEUS *vermummt, ängstlich.*

    Ach Gott, ach Gott, daß Zeus mich nur nicht sieht! –

    Wo ist der Pisthetairos?

Pisthetairos kommt heraus.

PISTHETAIROS.

    He, was soll

    Der Mummenschanz?

PROMETHEUS.

    Pst! Siehst du keinen Gott

    Da hinter mir?

PISTHETAIROS.

    Bei Zeus, ich sehe nichts!

    Wer bist du?

PROMETHEUS.

    Welche Zeit ist's wohl am Tag?

PISTHETAIROS.

    Je nun, ich denk': ein wenig über Mittag!

    Wer bist du denn?

PROMETHEUS.

    Bald Feierabend? He?

PISTHETAIROS.

    Nun wird *mir's* bald zu toll!

PROMETHEUS.

    Was macht auch Zeus?

    Klärt er den Himmel auf? Umwölkt er ihn?

PISTHETAIROS.

    Zum Henker –

PROMETHEUS.

Nun, so will ich mich enthüllen!

Tut es.

PISTHETAIROS.

Prometheus, Teurer –

PROMETHEUS.

Schrei nicht! Mäuschenstill!

PISTHETAIROS.

Was hast du?

PROMETHEUS.

Nenne meinen Namen nicht!

Es ist mein Tod, wenn Zeus mich hier erblickt.

Nun laß dir sagen, wie's da oben steht!

Nimm hier den Sonnenschirm und halte mir

Ihn über, daß die Götter mich nicht sehn!

PISTHETAIROS.

Haha, haha!

Echt prometheïsch, sinnreich vorbedacht!

Macht den Schirm auf.

So, steh da unter, sprich und fürcht' dich nicht!

PROMETHEUS.

Nun hör einmal!

PISTHETAIROS.

Ich bin ganz Ohr.

PROMETHEUS.

Mit Zeus

Ist's aus!

PISTHETAIROS.

Ist's aus? Der Tausend! Und seit wann?

PROMETHEUS.

Seitdem ihr in der Luft euch angebaut!
Den Göttern opfert keine Seele mehr
Auf Erden, und kein Dampf von fetten Schenkeln
Steigt mehr zu uns empor seit dieser Zeit.
Wir fasten, wie am Thesmophorienfest,
Kein Altar raucht, und die Barbarengötter
Schrei'n auf vor Hunger, kreischen auf illyrisch
Und drohn, den Zeus von oben zu bekriegen,
Wenn er kein Ende macht der Handelssperre
Und freie Einfuhr schafft dem Opferfleisch!

PISTHETAIROS.

Gibt's denn Barbarengötter auch bei euch
Und *über* euch?

PROMETHEUS.

Barbaren freilich, wie
Der Schutzpatron des Exekestides.

PISTHETAIROS.

Wie heißen die Barbarengötter denn
Mit Namen?

PROMETHEUS.

Wie? Triballen!

PISTHETAIROS.

Ich versteh':
Ihr Zorn trieb allen Göttern Angstschweiß aus!

PROMETHEUS.

So ist's! Nun aber laß noch eins dir sagen:
Gesandte kommen bald zur Unterhandlung
Hier an von Zeus und den Triballen droben!
Laßt euch nicht ein mit ihnen, wenn nicht Zeus
Das Zepter wieder abtritt an die Vögel
Und dir zum Weib die Basileia gibt.

PISTHETAIROS.

Wer ist die Basileia?

PROMETHEUS.

Oh, ein Mädchen

Blitzschön, und hat zum Donnern das Geschoß

Des Zeus, die ganze Wirtschaft unter sich,

Recht, Politik, Gesetz, Vernunft, Marine,

Verleumdung, Staatsschatz, Taglohn und Besoldung!

PISTHETAIROS.

Verwaltet sie das alles?

PROMETHEUS.

Wie ich sage!

Bekommst du sie von ihm, dann hast du alles!

Drum bin ich hergekommen, dir's zu sagen:

Denn für die Menschen feurig brennt mein Herz!

PISTHETAIROS.

O ja, wir backen Fisch' an deinem Feuer.

PROMETHEUS.

Du weißt, voll Götterhaß ist meine Brust.

PISTHETAIROS.

Der Götter Haß – den hast du! Ja, du bist

Ein wahrer Timon!

PROMETHEUS.

Muß jetzt fort! Den Schirm!

Damit mich Zeus, wenn er heruntersieht,

Für einer Festkorbträg'rin Diener hält.

Ab.

PISTHETAIROS.

Nimm auch den Stuhl, als heil'ger Klappstuhlträger!

CHOR.

Nah beim Land der Schattenfüßler

96

Liegt ein See, wo Sokrates
Ungewaschen Geister bannt. –
Um zu schauen seinen mut'gen
Geist, der lebend ihm entwischt,
Kam Peisandros auch dahin:
Ein Kamel von einem Lamm
Bracht' er mit und stach's durchs Herz,
Trat zurück dann, wie Odysseus –
Da entstieg der Tiefe, lechzend
Nach dem Herzblut des Kameles,
– Chairephon, die Fledermaus!

Fünfte Szene

Der Chor. Pisthetairos. Poseidon. Herakles. Der Triballe.

POSEIDON *tritt auf, zum Herakles.*

Da siehst du Wolkenkuckucksburg vor dir,

Die Stadt, wohin wir als Gesandte ziehn.

Zum Triballen.

Nein, wirft sich der den Mantel linkisch um!

Schlag ihn doch über, wie's der Brauch verlangt!

Geht dir's wie dem Laispodias, armer Tropf? –

Demokratie, wo bringst du uns noch hin,

Wenn Götter solche Kerls zu Ämtern wählen!

DER TRIBALLE.

'S Maul holten, du!

POSEIDON.

Zum Henker! So barbarisch

Wie den, hab' ich noch keinen Gott gesehn!

Was tun wir nun, Herakles?

HERAKLES.

Wie ich sage:

Ich dreh' dem Kerl den Hals um, der es wagt,

Die freie Luft den Göttern zu vermauern!

POSEIDON.

Doch, Freund, zur Unterhandlung schickt man uns.

HERAKLES.

Um so gewisser gurgl' ich grad ihn ab!

PISTHETAIROS *ruft in die Küche hinein.*

Die Käseraspel! – Bring' mir den Asant!

Gut! Und den Käs! So schür doch auch die Kohlen!

HERAKLES *zu Pisthetairos.*

    Du, Mensch, wir Götter, unsrer drei, wir bieten

    Dir unsern Gruß!

PISTHETAIROS *unter der Türe beschäftigt.*

    Ich reib' Asant darauf!

HERAKLES.

    Was ist denn das für Fleisch?

PISTHETAIROS *ohne sich umzusehen.*

    Von Vögeln, die

    Der Volksgewalt der Vögel trotzend – Unrecht

    Zu haben schienen!

HERAKLES.

    Und da reibst du nun

    Asant darauf?

PISTHETAIROS *sich umsehend.*

    Herakles? Ei, willkommen!

    Was schaffst du hier?

HERAKLES.

    Die Götter senden uns,

    Um gütlich diesen Krieg –

PISTHETAIROS *ruft hinein.*

    Geschwind! Im Krug

    Ist nicht ein Tropfen Öl mehr! – Schwimmen müssen

    Im Fett gebratne Vögel! So gehört sich's!

HERAKLES.

    Wir sehen keinen Vorteil ab beim Krieg,

    Ihr aber, wollt ihr's mit den Göttern halten,

    Habt Regenwasser g'nug in allen Pfützen

    Und lebt von nun an halkyonische Tage.

    Hierfür ist unsre Vollmacht unbeschränkt!

PISTHETAIROS.

    Wir haben nicht zuerst den Krieg mit euch

Begonnen; ja wir wollen, wenn nur ihr
Gefälligst tut, was recht und billig ist,
Gern Frieden machen; recht und billig aber
Ist es, daß Zeus das Zepter uns, den Vögeln,
Zurückgibt! Wollt ihr? – Nun, dann habt ihr Frieden!
Und die Gesandten lad' ich ein zum Frühstück!
HERAKLES.
Annehmlich scheint mir das; ich stimme: Ja!
POSEIDON.
Was denkst du? – O du Freßmaul! O du Tölpel!
Den *Vater* willst du um die Herrschaft bringen?
PISTHETAIROS.
Meinst du? – Vergrößert nur wird eure Macht,
Ihr Götter, wenn die Vögel drunten herrschen!
Jetzt ducken unterm Wolkendach die Menschen
Sich schlau und schwören täglich falsch bei euch.
Doch, habt ihr zu Verbündeten die Vögel
Und schwört ein Mensch beim Geier und beim Zeus
Und hält's nicht: fliegt der Geier ihm urplötzlich
Aufs Haupt und hackt und kratzt das Aug' ihm aus.
POSEIDON.
Ja, beim Poseidon! Der Beweis ist schlagend!
HERAKLES.
Das mein' ich doch!

Zum Triballen.

Und du?
DER TRIBALLE.
Heim gan wir drei!
HERAKLES.
Du hörst: er meint, 's geht an!

100

PISTHETAIROS.

Nun höret weiter!

Noch vieles tun wir sonst zu eurem Besten:

Gelobt ein Mensch den Göttern Opferfleisch

Und meint dann pfiffig: ›Götter können warten‹,

Und zahlt die Schuld nicht ab aus purem Geiz –

Wir treiben sie schon ein!

POSEIDON.

Wie macht ihr das?

PISTHETAIROS.

Wenn so ein Mensch sein Geldchen grade hin

Und her zählt oder just im Bade sitzt,

Da schießt ein Weih herunter, rapst das Geld

Ihm für zwei Schafe weg und bringt's dem Gotte!

HERAKLES.

Ich stimme, wie gesagt, dafür, das Zepter

Ihm abzutreten!

POSEIDON.

Frag auch den Triballen!

HERAKLES *seitwärts zum Triballen.*

Triballe, soll er Prügel –

DER TRIBALLE.

Ja, stockprügeln ik

Schon wollen dik!

HERAKLES.

Er will! Du hörst es selbst!

POSEIDON.

Gefällt's euch so, so kann's auch mir gefallen!

HERAKLES *zu Pisthetairos.*

Du, mit dem Zepter hat es keinen Anstand!

PISTHETAIROS.

Nun gut! – Doch halt, da fällt mir noch was ein!

Die Hera überlass' ich gern dem Zeus,
Doch fordr' ich dann die Jungfrau Basileia
Zum Weib!
POSEIDON.
Dir ist's nicht Ernst mit dem Vertrag!
Kommt! Laßt uns gehn!
PISTHETAIROS.
Mir gilt es gleich!

Ruft hinein.

Du Koch,
Ich sag' *dir,* mach die Sauce nur recht süß!
HERAKLES.
Bleib doch, Poseidon, wunderlicher Kauz!
Krieg um ein Weib – wo denkst du hin?
POSEIDON.
Je nun,
Was denn?
HERAKLES.
Was denn? Wir schließen den Vertrag!
POSEIDON.
Du Tor, du bist betrogen! Merkst du nichts?
Du bist dir selbst zum Schaden! – Wenn nun Zeus
Die Herrschaft abtritt – denk nur – und er stirbt,
Bist du ein Bettler! – Dir gehört die Erbschaft
Ja ganz, die Zeus im Tod einst hinterläßt!
PISTHETAIROS.
Das ist doch arg! Wie der dich übertölpelt!
Komm her zu mir und laß dir's explizieren:
Dein Oheim täuscht dich, armer Narr! An dich
Kommt nicht ein Deut von deines Vaters Gut
Nach dem Gesetz: denn du – du bist ein Bastard!

HERAKLES.

Ein Bastard, ich?

PISTHETAIROS.

Bei Zeus! Du bist's: als Sohn

Vom fremden Weib! Gesteh, wie könnte sonst

Athene erbberechtigt sein als Tochter,

Wär' noch ein ebenbürt'ger Bruder da?

HERAKLES.

Wie aber, wenn mein Vater mir das Gut

Vermacht als Nebenkindsteil?

PISTHETAIROS.

Das Gesetz

Verbeut's ihm! Hier, Poseidon selbst, der jetzt

Dich spornt – der erste wär' er, der das Erbe

Dir streitig macht' als Bruder des Verstorbnen!

Hör an, wie das Gesetz des Solon spricht:

»Ein Bastard ist von der Erbfolg' ausgeschlossen,

Wenn eheliche Kinder da sind!

Sind aber keine ehelichen Kinder da,

So fällt die Erbschaft an die nächsten Agnaten!«

HERAKLES.

So wär' des Vaters Hinterlassenschaft

Für mich verloren?

PISTHETAIROS.

Ja! – Ei – hat dein Vater

Dich richtig auch ins Zunftbuch eingetragen?

HERAKLES.

Wahrhaftig, nein! Das hat mich längst gewundert!

PISTHETAIROS.

Was stierst du so hinauf mit Racheblicken? –

Hältst du's mit uns, dann mach' ich dich zum König

Und Herrn und speise dich mit Hühnermilch!

HERAKLES.

Mir schien's von Anfang: billig ist die Ford'rung,

Die du gemacht: ich gebe dir die Dirne! –

Und du, was sagst denn du?

POSEIDON.

Dagegen stimm' ich.

HERAKLES.

Dann gibt den Ausschlag der Triball!

Zum Triballen.

He, du!

DER TRIBALLE.

Der schöner Junkfrouwen, die Kunigin stolze

Dem Voggel übergebben ick!

HERAKLES.

Du hörst:

Er übergibt sie.

POSEIDON.

Nein, das klingt nur so,

Weil kauderwelsch er wie die Schwalben zwitschert.

PISTHETAIROS.

So meint er wohl: er gebe sie den Schwalben!

POSEIDON.

Macht ihr das miteinander aus: schließt ab!

Ich schweige: denn ihr wollt ja doch nicht hören.

HERAKLES *zu Pisthetairos.*

Wir gehen alles ein, was du verlangst:

Komm du mit uns jetzt selber in den Himmel

Und hol dir Basileia samt Gefolge!

PISTHETAIROS.

Da hätten wir ja eben recht geschlachtet

Zur Hochzeit!

HERAKLES.

Ist's euch recht, so bleib' ich hier
Und mach' den Braten fertig! Geht ihr nur!

POSEIDON.

Was? Braten, du? Du schwatzst wie ein Schmarotzer!
Du gehst nicht mit?

HERAKLES.

Da wär' ich schön beraten!

Geht ins Haus.

PISTHETAIROS *zu einem Sklaven.*

Du, geh und hol mir schnell ein Hochzeitskleid!

Er kleidet sich um. Alle ab.

CHOR.

An der Wasseruhr in Schelmstädt
Wohnt ein wahres Gaunervolk,
Zungendrescher zubenannt.
Mit der Zunge sä'n und ernten,
Dreschen sie und lesen Trauben,
Feigen suchen sie mit ihr.
Von Barbaren stammen sie,
Gorgiassen und Philippen;
Und der Zungendrescher wegen,
Der Philippe, gilt die Sitte,
Daß in Attika die Zunge
Immer ausgeschnitten wird!

Sechste Szene

Der Chor. Ein Bote. Später Pisthetairos mit Basileia.

BOTE *tritt auf.*

 O überschwenglich, unaussprechlich, hoch

 Beglücktes, dreimal sel'ges Vögelvolk!

 Empfangt im Haus des Segens den Gebieter:

 Er naht sich leuchtend, überstrahlend selbst

 Den Sternenglast der goldumblitzten Burg,

 So blendend, herrlich, daß der Sonne Lichtglanz

 Vor ihm erblaßt: so naht er an der Seite

 Der unaussprechlich schönen Braut und schwingt

 Den Blitzstrahl, Zeus' geflügeltes Geschoß.

 Ein unnennbarer Duft durchströmt des Weltalls

 Urtiefen, und der Weste Hauch umfächelt

 Des Weihrauchs krause Wölkchen: Sel'ges Schauspiel!

 Doch sieh, da naht er selbst! – Erschließt den Mund,

 Den glückweissagenden, der heil'gen Muse!

CHOR *stellt sich in Parade.*

 Wendet euch, stellet euch, zeiget euch, neiget euch!

 Schwärmet in seliger

 Lust um den sel'gen Mann!

Der Zug naht sich.

 Ah, welch ein Zauber, welche Schöne!

 Glücksel'ges Band, das unsrer Stadt

 Zum Heil du geknüpft!

 Ja, großes Heil ist dem Vogelvolk

 Widerfahren durch dich, o du göttlicher Mann!

 So lasset mit bräutlichen Liedern uns denn

 Und festlichem Jubel den Bräutigam

Und die Braut Basileia empfangen!

ERSTER HALBCHOR.

Also vermählten die Parzen einst
Mit der olympischen Hera dich,
Mächtiger Herrscher, gewaltiger,
Auf dem erhabenen Götterthron,
Unter rauschendem Hochzeitsjubel!

CHOR.

Segne sie, segne sie, Hymen!

ZWEITER HALBCHOR.

Eros lenkte, der blühende,
Goldbeschwingte, die Zügel des
Bräutlichen Wagens mit sichrer Hand,
Zeus' Brautführer, des seligen,
Und der beglückten Hera!

CHOR.

Segne sie, segne sie, Hymen!

PISTHETAIROS *mit Basileia auf einem Wolkenwagen.*

Mich erfreuet das Lied, mich ergötzt der Gesang
Und der festliche Gruß! Doch besinget nun auch
Des ländererschütternden Donners Gewalt
Und die leuchtenden, zuckenden Blitze des Zeus
Und die Glut der zerstörenden Flammen!

CHOR.

Leuchtender, goldner, gewaltiger Flammenstrahl,
Göttliche, glühende Waffe des hehren Zeus,
Erdgrunderschütternde, krachende, regenumrauschte Gewitter,
Welche nun *Er* in der Hand hält!
Sein, durch dich, ist alle Gewalt nun,
Sein Basileia, das fürstliche Kind des Zeus!
Segne sie, segne sie, Hymen!

PISTHETAIROS.

Nun folgt als Hochzeitsgäste mir,
Leichtbeschwingte Brüder all',
Folgt mir zum Palast des Zeus,
Zur Vermählungslagerstatt!

Zu Basileia indem sie absteigen.

Sel'ge, gib mir nun die Hand,
Faß mich an den Flügeln, laß
Dich im Reigen schwingen und
Heben hoch empor im Tanz.

Ballett.

CHOR.

Tralala, juhe, juhe!
Heil dem Siegbekränzten, Heil,
Heil dem Götterkönig!